UMA HERANÇA PRECIOSA

JIM STOVALL

UMA HERANÇA PRECIOSA

O maior legado que alguém pode receber
são valores sólidos para guiar sua vida

SEXTANTE

Título original: *The Ultimate Life*

Publicado mediante acordo com Cook Communications Ministries, 4050 Lee Vance View, Colorado Springs, Colorado, 80918, Estados Unidos.

tradução: André Costa
preparo de originais: Regina da Veiga Pereira
revisão: Ana Grillo, José Tedin e Sheila Til
projeto gráfico e diagramação: Ilustrarte Design e Produção Editorial
capa: Miriam Lerner
impressão e acabamento: Bartira Gráfica e Editora S/A

CIP-BRASIL. CATALOGAÇÃO-NA-FONTE
SINDICATO NACIONAL DOS EDITORES DE LIVROS, RJ

S888h Stovall, Jim
Uma herança preciosa / Jim Stovall [tradução de André Costa]; Rio de Janeiro: Sextante, 2010.

Tradução de: The ultimate life
ISBN 978-85-7542-628-9

1. Herança e sucessão – Ficção. 2. Autorrealização (Psicologia). 3. Técnicas de autoajuda – Ficção. 4. Ficção americana. I. Costa, André. II. Título.

10-6317 CDD: 813
CDU: 821.111(73)-3

Rua Voluntários da Pátria, 45 – Gr. 1.404 – Botafogo – 22270-000 – Rio de Janeiro – RJ
Tel.: (21) 2538-4100 – Fax: (21) 2286-9244
E-mail: atendimento@esextante.com.br
www.sextante.com.br

Este livro é dedicado, como sempre, a Crystal, que continua sendo a melhor escritora da minha casa. É dedicado, também, a Dorothy Thompson, sem a qual ele não existiria; à minha equipe profissional, que me faz parecer melhor do que deveria; e aos meus amigos e parceiros na experiência de *A dádiva mais preciosa* e no filme *O presente*, por acreditarem em mim e na mensagem que este livro transmite.

SUMÁRIO

PREFÁCIO		9
UM	A vida começa hoje	11
DOIS	A vida é uma viagem e um destino	20
TRÊS	A vida e a dádiva do trabalho	31
QUATRO	A vida e a dádiva do dinheiro	44
CINCO	A vida e a dádiva dos amigos	58
SEIS	A vida e a dádiva do aprendizado	70
SETE	A vida e a dádiva dos problemas	83
OITO	A vida e a dádiva da família	92
NOVE	A vida e a dádiva do riso	101
DEZ	A vida e a dádiva dos sonhos	111
ONZE	A vida e a dádiva da doação	119
DOZE	A vida e a dádiva da gratidão	128
TREZE	A vida e a dádiva de cada dia	137
CATORZE	A vida e a dádiva do amor	145
QUINZE	A vida é a dádiva mais preciosa	153

Sobre o autor 159

PREFÁCIO

Agradeço a todos que acreditaram neste livro e na mensagem que ele contém. O tempo é um bem precioso. Por isso, sou grato às pessoas que se dispõem a gastá-lo com um texto meu.

Alguns de vocês estão embarcando pela primeira vez nessa viagem comigo e com esses personagens. Outros começaram pelo livro *A dádiva mais preciosa* ou pelo filme *O presente*. Seja como for, fico feliz em tê-los a bordo.

Ao virarem a última página, acredito que terão se tornado pessoas diferentes. Esta é uma história fictícia, mas traz uma mensagem que diz respeito a todos nós. Ela não se encerrará nestas páginas. Trata-se de um caminho para o resto da vida. Quando terminarem a leitura, a jornada estará apenas começando.

Peço-lhes que compartilhem essa mensagem com o maior número possível de pessoas e que me escrevam contando como este livro influenciou sua vida ou a de algum conhecido seu. Suas palavras me servirão de estímulo e no futuro poderão ajudar muitas outras pessoas mundo afora.

Obrigado,

Jim Stovall

jim@jimstovall.com

UM

A vida começa hoje

Nesta vida, o mais comum dos dias pode sofrer uma mudança extraordinária; por isso, cada dia deve ser aguardado e saboreado como uma dádiva.

Acompanhar do meu posto de observação exclusivo o desfile da vida me possibilitava refletir a respeito do melhor e do pior que a humanidade tem a oferecer. Eu fazia isso havia mais de quatro décadas e aquela manhã começou exatamente como qualquer outra. Nada me levava a prever ou sequer imaginar que era a aurora do dia que haveria de mudar para sempre a minha vida e a de inúmeras outras pessoas.

O sol nascente me pegou, como geralmente ocorre, já sentado à minha solene e monumental escrivaninha. Eu vinha tolerando a presença daquele mostrengo antiquado e exagerado em meu gabinete, em nome da crença geral de que ele estava plenamente de acordo com meu status e era um símbolo da vida que eu mesmo escolhi. Se a escrivaninha era uma concessão à opinião alheia e à minha posição social, a poltrona era um oásis de prazer. Tratava-se de uma peça de couro personalizada que, com o passar do tempo, havia se expandido e se transformado, de modo a acomodar meu corpo com perfeição.

Sei que alguns me descrevem como imponente e autoritário, entre outros adjetivos. Se isso é verdade, sem dúvida me favorece na profissão que escolhi. No entanto, minha lendária poltrona de couro faz qualquer pessoa parecer menor, inclusive eu.

Estava tentando dar cabo do que restava da minha segunda xícara de café. Logo o toque do relógio antigo e majestoso anunciaria a todos o início daquele dia de trabalho.

Quando as 10 badaladas começaram a soar, abandonei o aconchego da poltrona, dei a volta na colossal escrivaninha e parti rumo à porta de mogno de mais de três metros de altura.

– Todos de pé.

Ouvi as palavras habituais solenemente entoadas que assinalavam o início do meu dia de trabalho.

– O tribunal está em sessão. Presidindo, o honorável juiz Stanford A. Davis.

Cruzei o portal de mogno, subi os três degraus que se erguiam atrás da tribuna do magistrado e me acomodei na cadeira – essa, sim, apropriada, porém decididamente bem menos confortável. Passei os olhos pela galeria durante um tempo um pouco maior do que o estritamente necessário e em seguida anunciei:

– Podem se sentar.

Após tantos anos, eu era capaz de prever a gravidade ou a importância de um determinado caso com base na quantidade de pessoas presentes – espectadores e gente da imprensa lotando o tribunal. Embora não fosse perfeito, esse parâmetro tinha se mostrado bastante preciso em milhares de casos anteriores. Partindo desse critério, me dei conta de que nunca presidira uma sessão como a daquele dia.

A lei é igual para todos, mas cada caso é único, na medida em que as pessoas e as situações nunca são as mesmas. A justiça, quando apropriadamente aplicada, se situa em algum ponto entre a ciência e a arte. Como um cientista, o juiz deve tanto conhecer a lei como estar a par da jurisprudência e de seu impacto sobre cada novo julgamento. Por outro lado, o juiz precisa dominar a arte de penetrar nas mentes e nos espíritos dos que formularam e moldaram as leis, para poder discernir suas intenções e medir até que ponto elas se relacionam com as circunstâncias a que estão sendo aplicadas.

Eu sabia – assim como todos ali – que chegara a hora da disputa pelos bens de Red Stevens. Mantive os olhos cravados na papelada à minha frente até que o silêncio se instalasse. Então bati o martelo, fiz com a cabeça um sinal para o meirinho e me dirigi ao escrivão.

– O caso trazido hoje a este tribunal é o do espólio deixado em testamento traduzindo a última vontade de Howard "Red" Stevens.

Os dedos do escrivão percorreram com a mesma competência de sempre as misteriosas teclas, registrando minhas palavras. Fiz uma pausa reverente, olhando o advogado e os litigantes distribuídos por ambos os lados do corredor que dividia ao meio o majestoso salão de mármore do meu tribunal.

Agora eu tenho a experiência a meu favor, mas, na primeira vez que me sentei nesta cadeira, eu sabia apenas teoricamente que se espera de um juiz togado que ele se apresente, se porte e aja como magistrado. Quando fui designado para ocupar a tribuna, eu estava entre os mais novos a assumir essa posição.

Lembro-me de ter comentado com minha querida esposa, Marie, que a caminhada diária pelo corredor me intimidava, pois eu era obrigado a passar diante dos retratos de todos os sábios e solenes magistrados que me antecederam. Com aparência juvenil, pelo menos para aquele ambiente jurídico, eu não me sentia preparado para envergar, ao lado deles, as vestes da magistratura.

Nos mais de 40 anos que se seguiram, toda vez que eu expressava minhas preocupações em relação ao envelhecimento e à minha própria mortalidade, Marie me repreendia, dizendo: "Você não está ficando velho, está adquirindo um ar 'magistral'."

Tenho plena consciência de que a pompa e circunstância que envolvem a sala do tribunal não existem para me enaltecer, mas para evidenciar o respeito e a reverência por tudo aquilo que essa sala, como símbolo da lei, representa. Eu me preocupo muito pouco com o que as pessoas pensam a meu respeito como ser humano comum que vive e se movimenta pelas calçadas e ruas da cidade. Mas aqui, sentado à tribuna e vestindo minha toga, eu me torno um símbolo de tudo o que mais prezamos.

Como tal, exijo respeito, não para com Stan Davis, marido, amigo, vizinho, mas para com o juiz Stanford A. Davis, símbolo e árbitro da lei.

O que mais pode ser dito sobre Red Stevens que já não tenha sido falado, escrito ou veiculado na mídia? Red Stevens foi um desses homens cuja vida serve de referência e que, depois de morto, se transforma em uma lenda.

A lei permitia que um juiz repassasse o processo a outro magistrado caso considerasse ter ouvido falar demais a respeito do caso e das pessoas nele envolvidas fora do tribunal – o que eu certamente acreditava ter acontecido comigo. Feliz ou infelizmente, não havia em parte alguma um juiz ou qualquer outra pessoa que não tivesse ouvido falar de Red Stevens e formado uma opinião sobre os termos e condições do seu testamento e do caso que me seria apresentado.

Red Stevens era um ser humano grandioso por sua fama e por seus feitos. Sua vida transcorrera de tal forma sob a luz dos refletores que era difícil separar mito e realidade. Ele fora famoso durante tanto tempo que parecia ter vivido por muitas e muitas gerações.

Red Stevens, como reza a lenda, nasceu na obscuridade e na mais inacreditável pobreza nas terras pantanosas de Louisiana. Ainda jovem, saiu de casa rumo ao Texas somente com as roupas do corpo, a cabeça cheia de determinação e a alma indomável repleta de sonhos. Durante o último meio século, Red Stevens havia construído um império de gado, petróleo, empreendimentos financeiros e industriais sem igual no mundo.

Red Stevens sempre pensou grande e agiu conforme seus pensamentos. Foi um empresário duro, exigente, por vezes cruel, e um filantropo generoso e sensível. Foi amigo fiel para muitos e inimigo feroz para alguns. Conheceu praticamente todos os ricos e famosos de sua época. De certa forma, Red Stevens e outros como ele definiram o século XX e fundaram as bases de muito do que começamos a viver no século XXI.

Seus feitos viraram lenda, mas em muitos aspectos ele padecia das fraquezas comuns aos seres humanos. Red Stevens trabalhou muito para dar à família tudo o que pensava que ela queria. Só foi perceber tarde demais que tudo de que ela precisava era ele.

Perto do final da vida, Red Stevens se arrependeu de ter dedicado tempo, esforço e energia em excesso a eventos sociais, negócios e jantares de trabalho, deixando um tempo insuficiente para assistir aos jogos de beisebol dos filhos, ir a festas de aniversário e a reuniões de família.

Ele se deu conta disso num momento em que sabia ter apenas poucos dias ou, no máximo, semanas de vida. Quando entendeu o conflito que dinheiro de mais e tempo de menos criaram entre seus descendentes, Red Stevens viu que já era tarde para ajudar os filhos e a maioria dos netos, talvez todos. Entretanto, em seus últimos dias identificou o que achava e esperava que pudesse ser uma centelha de esperança no neto mais novo, Jason Stevens.

Red bolou um plano e o executou em segredo em seu testamento. Essa iniciativa se tornou notícia de primeira página e tema de debates em todos os setores. Deixou seus poços de petróleo, suas fazendas de gado e seu império financeiro para os filhos. Porém, para o neto Jason, legou em testamento algo que se tornou conhecido como a Dádiva Mais Preciosa.

A Dádiva Mais Preciosa foi uma ideia revolucionária que veio inovar o campo do Direito Sucessório. Algo tão único e especial quanto Red Stevens. O legado que Red deixou para o neto implicava uma odisseia de 12 meses durante a qual Jason se viu ao mesmo tempo estimulado e compelido a aprender a respeito das Dádivas do Dinheiro, do Trabalho e dos Amigos, além de uma série de outras lições de vida, em um total de 12 dádivas que, juntas, constituíam a Dádiva Mais Preciosa.

As cláusulas do testamento exigiam que Jason fosse submetido a uma verdadeira lição de vida, ouvindo as palavras que Red deixara gravadas em vídeo e cumprindo as tarefas que ele lhe determinara. Se completasse tudo com êxito, Jason herdaria uma misteriosa Dádiva Final (a Mais Preciosa). Cada mensagem de vídeo expressava as ideias e experiências de Red em relação a uma dádiva específica. Mas o legado correspondente à Dádiva Mais Preciosa nunca foi revelado.

Durante o ano seguinte à morte de Red Stevens, Jason – orientado pelo amigo de longa data e advogado de Red, Theodore J. Hamilton – cumpriu, para satisfação de Hamilton, cada uma das 12 dádivas, habilitando-se assim a receber o legado da Dádiva Mais Preciosa.

Jason Stevens cresceu e amadureceu como pessoa ao longo do ano, tal como desabrocharia uma flor silvestre que recebesse os cuidados de um jardineiro experiente. Quando completou a décima segunda lição, a Dádiva do Amor, Jason achou que as próprias lições eram a Dádiva Mais Preciosa. Embora essa fosse certamente uma parte importante do plano de Red Stevens para a Dádiva Mais Preciosa, Jason – por haver cumprido todas as 12 tarefas – passou a deter, conforme o testamento de Red Stevens, o controle quase ilimitado de bilhões de dólares, com os quais deveria ajudar outras pessoas a experimentar suas próprias versões da Dádiva Mais Preciosa de Red Stevens.

A semente de uma ideia, que começara na cabeça de Red Stevens e se espalhara pelo mundo inteiro, agora vinha parar no meu tribunal.

De um lado do corredor sentavam-se os filhos e netos de Red Stevens que, coletivamente, tinham contratado a mais renomada equipe de advogados, todos de grande prestígio, para contestar e tentar anular o testamento de Red Stevens. O objetivo era repartir entre eles mais alguns bilhões de dólares além dos que já tinham recebido.

Do outro lado estava Jason Stevens, sentado perto de um advogado de aspecto pouco expressivo. Se eu não tivesse verificado previamente os registros, teria achado que ele não tinha idade para ter concluído a faculdade de Direito e, se tivesse idade, não teria experiência suficiente. Em suma, a cena parecia uma versão jurídica de Davi e Golias.

O advogado e amigo de longa data de Red Stevens, Theodore J. Hamilton, do escritório Hamilton, Hamilton & Hamilton, tinha tirado uma longa licença e viajara para fora do país pouco depois da execução do testamento de Red Stevens, quando a Dádiva Mais Preciosa fora apresentada a Jason Stevens. A última notícia que se tinha dele é que andava lecionando e estudando na Índia e no Extremo Oriente, e seu mais recente contato fora feito de um vilarejo remoto no Himalaia.

A equipe de advogados da família fora bem-sucedida em suas manobras jurídicas, bloqueando todos os ativos de Jason, de forma que todo o poder de fogo do rapaz estava agora personificado no jovem e ilustríssimo doutor Jeffrey Watkins. Esse advogado, conforme revelara minha pesquisa, se formara em Direito, de modo um tanto medíocre, em um estabelecimento de ensino superior relativamente desconhecido. Como esse era praticamente seu primeiro caso, não havia antecedentes capazes de indicar o nível de capacidade ou especialização que ele pudesse estar escondendo por detrás dos cabelos desgrenhados, dos óculos espessos e do rosto assolado pela acne.

Limpei a garganta, fiz uma pausa eloquente e, dirigindo o olhar para o lado querelante do corredor, perguntei:

– Todas as partes estão presentes e devidamente representadas?

Um membro da equipe de advogados, um senhor de meia-idade, imaculadamente penteado e bem-vestido, se levantou da mesa em frente ao clã dos Stevens. Fez alguns gestos teatrais, uma leve reverência e falou.

– Meritíssimo, com a devida permissão deste tribunal, sou L. Myron Dudly, da firma de advocacia Dudly, Cheetham & Leech, hoje representando perante Vossa Excelência os interesses legais e legítimos da família Stevens, herdeira de fato e de direito dos bens de Howard "Red" Stevens.

L. Myron Dudly sorriu com petulância ante os aplausos discretos vindos dos membros da família Stevens que ocupavam várias fileiras de assentos às suas costas. Bati o martelo energicamente e me empertiguei na cadeira. Olhei por cima dos óculos para aquele advogado que parecia ter emergido das páginas de uma revista de moda masculina. Rosnei:

– Doutor, queira advertir seus clientes para que respeitem a ordem e a dignidade do meu tribunal e seus protocolos. Este tribunal registra que o senhor é o doutor Dudly, do escritório Dudly, Cheetham & Leech, e mais, que representa a família Stevens neste processo. Quanto a quem será o beneficiário de fato e de direito dos bens de Howard "Red" Stevens, trata-se de algo a ser decidido por esta corte.

Depois de três respirações profundas e audíveis, apontei o cabo do martelo na direção de L. Myron Dudly e perguntei:

– Estamos entendidos?

Dudly pareceu ter murchado ao balbuciar:

– Sim, Meritíssimo.

Pousei o martelo e prossegui:

– Doutor, reserve seus gestos dramáticos e suas suposições para algum espetáculo em qualquer outro lugar, porque aqui, neste tribunal, nós lidamos com os fatos e com a lei.

Dudly assentiu com a cabeça mais uma vez e se deixou cair na cadeira. Acho que teria se enfiado debaixo da mesa se a cadeira não o impedisse.

Em seguida dirigi o olhar para o outro lado do corredor e ergui as sobrancelhas inquisidoramente. Como essa providência não surtiu efeito, tive que perguntar:

– Doutor, poderia nos dar a honra de se apresentar formalmente a este tribunal?

Jeffrey Watkins se pôs de pé, trêmulo. Seu terno já vira dias melhores – presumi que lhe fora dado por outra pessoa, pois certamente não lhe caía bem. Ele se apoiou na mesa à sua frente, o suor pingando do rosto. Após vacilar um instante, finalmente emitiu uma espécie de guincho:

– Meritíssimo, eu sou Jeffrey Watkins e represento Jason Stevens neste processo.

Mergulhou de volta na cadeira, dando a impressão de ter corrido uma maratona.

O contraste entre os dois me fez refletir sobre a esmagadora discrepância de talentos jurídicos que eu tinha à minha frente. Isso me causava grande angústia, pois sabia que este seria um caso extremamente complexo e de grande repercussão, com valores elevadíssimos em jogo. Foi então que, sem preâmbulos ou prévio aviso, as coisas mudaram.

As portas duplas nos fundos da sala do tribunal se abriram ao mesmo tempo. Tentei alcançar meu martelo para repreender meus dois fiéis e antigos meirinhos, Jim e Paul, que sabiam muito bem que as portas não deviam ser abertas com o tribunal em sessão. Foi então que aconteceu.

Não se sabe surgido de onde, um cavalheiro vestido de forma impecável avançou majestosamente – quase regiamente – a passos largos pelo corredor central. Sua pele de ébano irradiava energia e o fogo em seus olhos era evidente. Ao deslizar para trás da mesa no lado da parte demandada, ele anunciou o que eu e qualquer estudante de Direito já sabíamos.

– Meritíssimo, eu sou Theodore J. Hamilton, do escritório Hamilton, Hamilton & Hamilton, advogado de Jason Stevens.

DOIS

A vida é uma viagem e um destino

Nesta vida, nada é mais poderoso do que uma pessoa que, ao ver dentro da própria alma a trilha para o futuro, se dispõe a explorá-la.

O impacto da entrada em grande estilo de Hamilton repercutiu por todo o recinto. Enquanto eu batia o martelo exigindo ordem, podia escutar Jason Stevens exclamando, excitado:

– Doutor Hamilton, eu não o esperava. Pensei que o senhor estivesse perdido.

Sorrindo sabiamente, Hamilton respondeu:

– Meu rapaz, há uma enorme diferença entre estar perdido e não querer ser encontrado.

Antes que o tribunal se aquietasse novamente, L. Myron Dudly se ergueu de um salto e declarou:

– Meritíssimo, protesto energicamente contra essa demonstração de exibicionismo teatral e desrespeitosa.

Theodore J. Hamilton esperou que todos do tribunal ficassem em silêncio. Então percorreu a sala com os olhos até fixá-los em Dudly, quase como alguém que olharia para um corpo estranho grudado na sola do seu sapato, e se dirigiu a mim:

– Meritíssimo, não foi minha intenção importunar, intimidar, nem inquietar meus colegas com o simples fato de adentrar o salão do tribunal.

O doutor Dudly, enrubescendo, ergueu a voz com raiva:

– Meritíssimo, protesto!

Bati o martelo, exigindo ordem. Olhei duro para os dois advogados e falei diretamente para ambos:

– Doutores, aproximem-se da tribuna.

L. Myron Dudly arrastou os pés lentamente e se aproximou da tribuna como se fosse um aluno do terceiro ano do ensino fundamental preparando-se para explicar como o cachorro tinha comido seu dever de casa. O doutor Hamilton acenou com a cabeça e avançou confiante pelo chão de mármore polido até postar-se defronte a mim. Então, ergueu os olhos à espera.

Eu certamente conhecia Theodore J. Hamilton e ele sabia disso. Hamilton era um verdadeiro mito. Quando eu cursava Direito e mais tarde, quando fui secretário do juiz Eldridge, o que mais se ouvia eram relatos das proezas jurídicas históricas de um tal Theodore J. Hamilton. Ele já estivera antes no meu tribunal – sempre como um profissional renomado. Era imponente e intimidava, mas possuía aquela aura de autoconfiança de quem sabe que não precisa provar nada.

Olhei para baixo na direção dos dois advogados.

– Cavalheiros, temos muito trabalho pela frente. Creio que estaremos mais bem servidos se nos concentrarmos nos aspectos legais e deixarmos de lado as diferenças pessoais.

L. Myron Dudly cometeu o erro que eu esperava que ele pudesse evitar. Falou.

– Meritíssimo, o doutor Hamilton parece achar, por algum motivo, que as normas da lei e desta corte não se aplicam a ele. Todos nós tivemos pleno conhecimento de que esta audiência teria lugar hoje e deveria se iniciar pontualmente às 10 horas. Talvez o Meritíssimo pudesse orientar o advogado de defesa quanto à nobre arte da pontualidade.

Theodore J. Hamilton deu uma risadinha. Fez uma pausa de duração incômoda e só então se dirigiu a mim, enquanto olhava com desdém na direção de L. Myron Dudly.

– Meritíssimo, se o senhor Dud... – Hamilton tossiu várias vezes, depois prosseguiu – ... ly...

Os olhos de Dudly se arregalaram enquanto gaguejava:

– Meritíssimo, ninguém me trata por Dud desde os tempos de colégio. Rogo a Vossa Excelência que aplique uma sanção disciplinar ao advogado de defesa por esse procedimento vulgar, aviltante e infantil.

Hamilton, assumindo um ar inocente, quase angelical, e olhando para cima com os olhos bem abertos, falou:

– Meritíssimo, ando com uma coceira na garganta que, de vez em quando, se manifesta na forma de tosse seca. Parece que foi isso o que se passou justamente quando eu estava pronunciando o nome do advogado, bem entre o "Dud" e o "ly". Não é do meu feitio adotar comportamentos infantis inadequados, como alegou meu colega. Na verdade, na condição de octogenário, peço a compreensão deste tribunal para os achaques físicos que eventualmente possam afetar meu desempenho de uma forma que não desejo que ocorra. Quando Vossa Excelência chegar aos 80 e muitos, como eu, tenho certeza de que entenderá.

Ouvi meu escrivão, Scott, sempre muito formal, dar uma risadinha. Então, engolindo o riso, respondi:

– Doutor Hamilton, ainda não cheguei aos 80, mas não estou muito longe, por isso entendo perfeitamente a sua situação. No entanto, a tosse me pareceu ter escolhido um momento especial.

Hamilton concordou solenemente com a cabeça e disse:

– Sim, é algo bem curioso, Meritíssimo. Na verdade, inexplicável. E, com relação à minha chegada hoje, vim o mais rápido que pude tão logo tomei conhecimento da audiência.

Dudly o interrompeu:

– Meritíssimo, nosso escritório recebeu o comunicado dessa audiência e cópias do recebimento do comunicado pela parte oponente há várias semanas.

Hamilton continuou:

– Meritíssimo, eu me achava de licença viajando pela Índia e pelo Extremo Oriente. A informação me foi transmitida tão prontamente quanto possível por telefone, sedex, fax e mensageiro e chegou finalmente às regiões mais remotas do Himalaia por um missionário viajante montando um iaque.

Hamilton sorriu inocentemente para Dudly e prosseguiu:

– Não sei se o meu colega tem ou não experiência concreta no transporte de documentos legais via iaque, mas posso garantir a ele e a Vossa Excelência que foram envidados os maiores esforços por todos os envolvidos, aí incluídos a equipe de apoio, funcionários, autoridades postais, mensageiros, o missionário em questão e, com toda a certeza, o próprio iaque.

Dudly explodiu:

– Meritíssimo, estou pasmo...

Mas o que se ouviu, enquanto um novo acesso de tosse de Hamilton abafava o resto da frase, foi:

– Meritíssimo, sou um asno...

Dudly apontou raivosamente dizendo:

– Meritíssimo, ele está fazendo de novo!

Hamilton balançou a cabeça, perplexo, e solenemente declarou:

– Meritíssimo, quando meu jovem e culto oponente alcançar a augusta idade de 80 anos ou mais, espero que seja capaz de exercer o ofício que escolheu sem ter um jovem advogado de 50 anos protestando cada vez que ele tossir.

Não pude evitar um riso ao bater meu martelo exigindo ordem.

– Cavalheiros, vamos prosseguir com a compostura e o profissionalismo que esta corte e os seus clientes merecem. Por favor, voltem a seus lugares.

E dirigindo-me aos dois:

– Cavalheiros, o tribunal considerará as moções que os senhores possam apresentar neste momento.

L. Myron Dudly se levantou e falou com o senso de dignidade recobrado:

– Meritíssimo, este é um caso muito simples e objetivo. Depois que todas as provas forem apresentadas, tenho certeza de que o tribunal concederá todos os bens materiais de Howard "Red" Stevens aos meus clientes, a despeito de quaisquer artimanhas legais ou atos lesivos que venham a ser promovidos pelo advogado oponente e seu cliente.

Olhei para Hamilton, já prevendo seu protesto. Dudly também fez uma pausa, certo de que ele viria. Hamilton se inclinou na direção do jovem Jeffrey Watkins e disse baixinho:

– Meu filho, que tal se você nos providenciasse um cafezinho?

Watkins respondeu numa voz mais alta e esganiçada do que o necessário:

– Não me formei em Direito para servir cafezinho.

Hamilton replicou bem calmamente:

– Não, tenho certeza de que não se formou em Direito para servir cafezinho, mas você parece um rapaz brilhante e eu confio em você.

Hamilton se virou para Dudly, que prosseguiu:

– Meritíssimo, nós requeremos e este tribunal concedeu uma medida cautelar bloqueando todos os bens de Jason Stevens obtidos por meio do legado de Red Stevens, tanto antes de sua morte quanto pelo processo sucessório burlesco que se desencadeou depois de seu falecimento.

Localizei na papelada o documento mencionado e respondi:

– Doutor Dudly, tenho aqui comigo o seu recurso, que transcorreu devidamente e em tempo hábil. Qual o problema?

Dudly fez um gesto para o outro lado do corredor e disse, meio hesitante:

– Meritíssimo, é o doutor Hamilton.

Eu o interrompi, perguntando:

– O que há com o doutor Hamilton?

Nesse instante, Jeffrey Watkins retornava ao seu lugar na bancada dos advogados. Entregou uma xícara de café a Jason, que a repassou a Theodore J. Hamilton.

Dudly continuou:

– Meritíssimo, é voz corrente no meio jurídico que o doutor Hamilton cobra mais de um milhão de dólares por seus serviços. As auditorias legais realizadas por nossa firma comprovaram que o senhor Stevens só possui, para manter-se, os recursos financeiros provenientes de Red Stevens.

Hamilton ergueu os olhos, saboreando o café, e falou:

– Meritíssimo, caso isso seja de alguma ajuda em relação à questão levantada pelo advogado da outra parte, eu gostaria de assegurar ao tribunal que fui apropriadamente contratado e devidamente pago por meus serviços neste caso. De qualquer modo, fico feliz que o doutor Dud... – Hamilton parou para tomar um gole do café e prosseguiu: – ... ly se preocupe com meus honorários e meu bem-estar financeiro.

A sala do tribunal explodiu numa gargalhada e eu bati o martelo exigindo silêncio.

Dudly perguntou, indignado:

– Vossa Excelência espera que este tribunal acredite que está recebendo sua remuneração habitual de Jason Stevens sem haver qualquer adiantamento do patrimônio do espólio?

Hamilton sorriu, deu de ombros e declarou:

– Bem, eu geralmente prefiro tomar café numa xícara melhor, mas estou disposto a aceitar esta aqui em pagamento integral pelos serviços prestados ou que vier a prestar neste caso.

Não consegui disfarçar a impaciência ao falar:

– Se isso resolve o assunto, eu pergunto ao doutor Hamilton se tem alguma moção a fazer ao tribunal.

Hamilton se levantou como se fosse um velho lutador de boxe

deixando seu corner para o último round de um combate valendo o título.

– Meritíssimo, tenho plena certeza de que o testamento de Howard "Red" Stevens refletia suas intenções e desejos com relação ao seu patrimônio. E sei disso porque, por mais de 60 anos, Red foi o meu melhor amigo. – Hamilton fez uma pausa e continuou, em tom emocionado: – E ouso dizer que fui seu melhor amigo.

Theodore J. Hamilton parou um instante para se recobrar e em seguida retornou ao assunto:

– Assim sendo, posso garantir a este tribunal e a todos os que de algum modo estejam envolvidos neste caso que o testamento de Red Stevens, apesar de informal e de certa forma pouco convencional, era e é válido. Tenho certeza disso porque fui eu mesmo quem concebeu, redigiu e fez cumprir cada uma de suas cláusulas.

Dudly se levantou com petulância e perguntou, tentando manifestar desinteresse:

– Meritíssimo, onde estaria querendo chegar o colega advogado?

Hamilton fixou Dudly com um olhar tão intenso que seria capaz de derreter uma geleira. Ficou em silêncio até que Dudly se viu forçado a desviar o olhar. Só então falou:

– Eu, com toda a certeza, gostaria de dizer algo ao advogado da outra parte e a seus... – Hamilton fez uma pausa, como se buscasse na mente a palavra certa para descrever algo repugnante, e então prosseguiu: – ... seus clientes.

Hamilton olhou desdenhosamente para as várias fileiras de parentes gananciosos alinhados atrás de Dudly e continuou:

– Como tenho um profundo conhecimento pessoal e profissional do testamento de Red Stevens, gostaria que o tribunal tomasse ciência da cláusula segundo a qual qualquer parente que vier a arguir, protestar ou contestar a vontade nele expressa perde automaticamente sua parte da herança.

Hamilton caminhou de um lado para o outro diante da área

reservada aos advogados, aguardando que a bomba que acabara de jogar fizesse efeito. Podiam-se ouvir murmúrios e cochichos abafados vindos das fileiras de assentos ocupados pelos familiares atrás de Dudly.

– Perder tudo?

– O que ele está querendo dizer com "perder tudo"?

Dudly começou a revirar freneticamente a papelada à sua frente.

Bati o martelo e esperei o silêncio se restabelecer.

– Doutor Hamilton, como eu já previa essa sua moção, examinei atentamente o assunto. Concluí que, sem dúvida, os beneficiários aqui reunidos que contestaram coletivamente o testamento perderão, sim, toda a sua herança, caso ratifiquem tal desejo.

Ouvi gritos engasgados, palavrões e soluços vindos do lado de Dudly e ecoando pela sala do tribunal. Pedi silêncio e prossegui.

– Doutor Hamilton, sua moção está aceita. Parece-me que estamos diante daquilo que meu amigo e mentor, o velho juiz Eldridge, chamava de corrida de cavalos em que o vencedor leva tudo.

Baixei os olhos para Scott, o escrivão, que digitava os autos do processo, e disse:

– Para que fique registrado, declaro que o tribunal reconhece que, se o doutor Dudly e seus clientes tiverem êxito na anulação do testamento de Howard "Red" Stevens, dividirão todos os bens anteriormente concedidos a Jason Stevens. Por outro lado, caso o doutor Hamilton seja bem-sucedido na defesa da parte herdada por Jason Stevens, todos os demais bens legados serão perdidos e se somarão ao fundo atualmente controlado por Jason Stevens.

O desafio estava colocado. Tudo pendia na balança.

Levantei-me, bati mecanicamente o martelo, e declarei:

– Este tribunal entra em recesso por uma hora.

Apressei-me em descer os degraus rumo à porta de mogno e procurei recuperar o fôlego no conforto do meu gabinete. Raramente vira um caso tão simples e ao mesmo tempo tão complicado. E que se tornava mais incomum ainda pelo fato de haver bilhões de dólares à espera da minha decisão.

Fiquei perambulando de um lado para o outro durante toda a hora de recesso, imaginando a vida de Red Stevens, suas intenções para com Jason e as dádivas monumentais que concedera ao neto.

Eu sabia, independentemente de qualquer sentimento que pudesse experimentar, que precisava levar em conta os filhos de Red Stevens que queriam herdar partes ainda maiores do seu patrimônio. Mas a coisa ia muito além. Eles, na realidade, queriam tudo. Por outro lado, tinha que considerar Jason Stevens, avaliar se ele dominara ou não cada uma das dádivas planejadas para ele pelo avô e se habilitara a receber aqueles muitos bilhões de dólares. Finalmente, após ouvir todos os diferentes argumentos, eu deveria ser a voz da única pessoa cujos desejos eram supremos, mas que não se achava ali para falar por si próprio. Eu tinha que me colocar na mente e no coração de Howard "Red" Stevens.

*

Quando ocupei meu lugar na tribuna e fiz sinal com a cabeça para que todos se sentassem, notei mais duas figuras à mesa dos advogados, perto de Hamilton. Ao lado de Jason, reconheci sua bela noiva, Alexia. Ela sempre aparecia com destaque em todos os noticiários envolvendo a saga da Dádiva Mais Preciosa de Jason no ano anterior. E, ao lado de Theodore J. Hamilton, conforme ocorrera numa infinidade de julgamentos durante quase meio século, estava sua assistente, Margaret Hastings, cuja beleza majestosa na juventude amadurecera de uma forma esplêndida, tal como o tempo costuma fazer com os bons vinhos. Se era possível, ela estava mais linda do que nunca.

Bati o martelo, olhei para a galeria e reiniciei os trabalhos.

Julgar a validade de um testamento está entre as áreas mais críticas do Direito, quando o tribunal é instado a defender os interesses de um indivíduo e representar quem não se encontra mais presente para falar por si. Examinei minuciosamente o testamento de Howard "Red" Stevens, inclusive os documentos escritos que continham seus pensamentos, desejos e intenções ao delinear a Dádiva Mais Preciosa como legado para Jason Stevens.

– Este tribunal considera que, não havendo provas em contrário, nem razões para disputa, Howard "Red" Stevens se achava em plena posse de suas faculdades mentais e físicas à época da elaboração do testamento. Este tribunal entende igualmente que, embora pouco convencional e de certo modo revolucionário, o testamento de Red Stevens é válido e exequível se obedecidos todos os seus termos e condições. Assim sendo, a única questão que resta a este tribunal decidir consiste em determinar se Jason Stevens de fato cumpriu cada uma das cláusulas constantes do testamento de seu avô.

Fiz uma pausa longa o bastante para deixar que os representantes legais de ambas as partes fizessem as alegações desejadas. Felizmente ninguém se manifestou. Então, prossegui.

– Os documentos do testamento e do respectivo fundo determinam que alguns bilhões de dólares sejam entregues a Jason Stevens para execução da missão e da mensagem dos 12 elementos da Dádiva Mais Preciosa, conforme determinado e previsto por Red Stevens. Será tarefa deste tribunal decidir se Jason Stevens aprendeu de fato e suficientemente cada uma das 12 lições e foi capaz de executar a missão subjacente a elas, dados os recursos representados por alguns bilhões de dólares. Assim, é minha decisão que, iniciando-se a sessão às 10 horas da manhã de amanhã, serão dadas a Jason Stevens, neste tribunal, todas as oportunidades para que comprove ter aprendido as lições que lhe foram apresentadas por Red Stevens nas 12 dádivas. E mais: que demonstre estar preparado para a tarefa de empregar esses bilhões de dólares na transmissão da Dádiva Mais Preciosa a um mundo que dela necessita urgentemente.

Fiz uma pausa e senti a incrível tensão criada por bilhões de dólares e um sem-número de vidas pesando na balança. Bati o martelo e anunciei:

– A sessão está encerrada.

Minha toga de magistrado inflava e rodopiava, enquanto eu caminhava apressadamente da sala do tribunal até meu gabinete. O choque, a excitação e a ansiedade que percorriam a multidão eram quase palpáveis e a imprensa se apressava em informar leitores, ouvintes e telespectadores de todo o mundo sobre o meu comportamento.

Por alguma razão, eu não me sentia qualificado e adequado para cumprir a missão desalentadora que tinha pela frente. Só podia esperar e rezar para que meus anos de experiência pudessem me guiar pela trilha correta, rumo à decisão mais justa e acertada.

Só os acontecimentos dos dias seguintes poderiam dizer.

TRÊS
A vida e a dádiva do trabalho

O trabalho é a coroação de tudo o que
somos e de tudo o que aprendemos nesta vida
e transmitimos aos outros no ambiente profissional.

Revirei-me na cama a noite inteira. Não conseguia parar de pensar no caso. Todo juiz em qualquer lugar do planeta lida com uma carga de trabalho volumosa, mas, no meu tribunal e nas cabeças das pessoas do mundo inteiro, a disputa pelos bens de Red Stevens acabou ficando conhecida simplesmente como O *Caso*.

Finalmente, em plena madrugada, pulei da cama, fui até o escritório e liguei a televisão, achando que talvez algum programa idiota pudesse me propiciar um alívio. Percorrendo os canais, tive a impressão de que todo mundo, em todos os cantos, estava veiculando notícias, comentários, perfis, conjeturas ou fofocas sensacionalistas a respeito de Red Stevens, de Jason Stevens e do Caso.

L. Myron Dudly era tratado com destaque pela mídia. Logo percebi que este caso, inevitavelmente, viraria um circo, e decidi que, em vez de tentar controlar tudo, eu apenas deixaria que as coisas seguissem seu curso. Mas era claro que o doutor Dudly estava tirando o máximo proveito da situação.

*

Quando o sol relutantemente abriu caminho por entre as nuvens do horizonte e as estrelas renunciaram aos seus domínios, um novo dia surgiu. Eu estava em meu gabinete, reclinado no conforto e na segurança da minha poltrona de couro, sorvendo minha terceira xícara de café e pensando no que acontecera e no que iria acontecer. Pela janela observei a paisagem urbana.

Os prédios dos tribunais são feitos para durar. Foram projetados e instalados com destaque em todo o país bem no centro das comunidades. Com o passar dos anos, entretanto, muitas dessas comunidades se expandiram na direção dos subúrbios, deixando as sedes dos tribunais, o meu entre eles, no meio de áreas decadentes.

Do lado de fora da minha janela eu podia ver inúmeros prédios vazios, abandonados, e muitos outros que já deveriam ter sido evacuados. Havia um quarteirão inóspito no meio do qual, em um passado distante, tratores tinham posto tudo abaixo, sobrando um espaço deserto. Correram rumores de que iriam construir ali um parque, mas as verbas e as prioridades sempre pareceram se concentrar em outras bandas.

Embora ainda faltassem muitas horas para o tribunal entrar em sessão, eu sabia que a minha parte dos procedimentos do dia precisava se iniciar imediatamente. Tirei da volumosa pasta do Caso uma cópia do testamento de Red Stevens e DVDs com as mensagens em vídeo que Red gravara para Jason como parte da Dádiva Mais Preciosa.

Selecionei o DVD *A Dádiva do Trabalho* e o introduzi no aparelho. O dia de hoje no tribunal seria dedicado a determinar se Jason Stevens cumprira ou não as tarefas que Red planejara em relação àquela dádiva. Além disso, eu deveria decidir se Jason tinha ou não capacidade de aplicar em proveito do mundo as lições aprendidas na Dádiva do Trabalho e a enorme soma de recursos que Red Stevens tinha deixado.

Quando o rosto imponente de Red apareceu na tela, fiz uma pausa e fiquei admirando aquela figura à minha frente. Howard "Red" Stevens era um personagem histórico. Falando dele, era difícil separar mito e realidade. Pensei nas emoções e nos sentimentos que tomam uma pessoa que sabe que está chegando ao final de sua vida, mas que espera deixar, após a morte, uma mensagem que de certa forma não foi capaz de expressar durante a existência.

Pressionei a tecla "play" e Red Stevens começou, de além-túmulo, a falar com o neto:

> *Jason, quando eu era bem mais jovem do que você é hoje, conheci a satisfação que brota de uma palavra simples:* trabalho. *Uma das coisas que minha riqueza tirou de você e de toda a família foi o privilégio e o prazer de um dia de trabalho honesto.*
>
> *Agora, antes que você se desinteresse, se enfureça e rejeite o que eu tenho para lhe dizer, quero que compreenda que foi o trabalho que me proporcionou tudo o que eu tenho e tudo o que você tem. Lamento ter lhe tirado a alegria de saber que aquilo que possui é o que conquistou.*
>
> *Minhas lembranças mais remotas dos pântanos de Louisiana têm a ver com trabalho – trabalho duro, pesado, do qual, quando rapaz, eu me ressentia profundamente. Meus pais tinham bocas de mais para alimentar e comida de menos, de modo que, se quiséssemos comer, tínhamos que trabalhar. Mais tarde, quando fui embora sozinho para o Texas, me dei conta de que trabalhar pesado tinha virado um hábito para mim e isso foi um verdadeiro prazer pelo resto da vida.*
>
> *Jason, você tem usufruído do bom e do melhor que este mundo tem para oferecer. Viajou para todos os lugares, viu e fez de tudo. O que não compreende é o prazer que essas coisas podem proporcionar quando é a gente que as conquista, quando o ócio constitui uma recompensa pelo trabalho árduo, e não uma forma de fugir ao trabalho.*

Desliguei o aparelho e fiquei refletindo sobre as palavras e o caráter de Red Stevens. Não pude deixar de pensar na minha própria vida profissional e em como havia aplicado bem a Dádiva do Trabalho. Mas a questão ali era quanto Jason tinha aprendido e se ele era capaz de transmitir a Dádiva do Trabalho às pessoas mundo afora.

*

O salão do tribunal estava apinhado. A tensão que pairava no ar tinha duplicado em relação ao dia anterior. Bati forte o martelo e dei início imediatamente aos trabalhos.

– A questão que se apresenta a esta corte hoje diz respeito às condições do testamento de Howard "Red" Stevens em relação à Dádiva do Trabalho. O tribunal irá decidir se Jason Stevens demonstrou competência no aprendizado da Dádiva do Trabalho e, sobretudo, se está capacitado a gerir um fundo de bilhões de dólares, visando transmitir essa lição e essa dádiva a outras pessoas.

Olhei rapidamente para Theodore J. Hamilton, que calmamente fazia anotações enquanto escutava minha preleção inicial. Prossegui:

– Doutor Hamilton, na condição de quem redigiu, fez executar e avaliou o testamento de Red Stevens, este tribunal presume que Vossa Excelência considera que tudo está em ordem.

Hamilton acenou mecanicamente com a cabeça e então eu dirigi o olhar para o outro lado do corredor. L. Myron Dudly, o restante da equipe de advogados de Dudly, Cheetham & Leech e os herdeiros de Red Stevens estavam em seus lugares. Parecia haver uma ansiedade consideravelmente maior do que a do dia anterior. Isso era lógico, pois, se na véspera a família pensava que só teria a ganhar com o processo, agora compreendia que poderia perder tudo.

Eu me dirigi a Dudly:

– Doutor, como seus clientes estão contestando a validade do testamento de Red Stevens no que se relaciona à plena execução por parte de Jason Stevens das tarefas ali contidas, deixarei que Vossa Excelência comece.

Dudly se levantou confiante, fez uma pausa para impressionar e em seguida disse:

– Chamamos Jason Stevens para depor.

Jason se levantou hesitante e venceu com dificuldade a distância que o separava do estrado reservado às testemunhas. Sentou-se e jurou dizer a verdade, somente a verdade, nada mais que a verdade.

Dudly se aproximou e sorriu com nítido desdém ao perguntar:

– Seu nome é Jason Stevens?

Jason fez que sim com a cabeça e respondeu em voz baixa:

– Sim.

Dudly se virou para a galeria e disse bem alto:

– Por favor, fale de modo que todos possam ouvir.

Dudly caminhou de um lado para o outro e perguntou:

– Qual era a relação entre o senhor e Howard "Red" Stevens?

Jason respondeu, desconfiado:

– Ele era meu avô.

Dudly se mostrou perplexo:

– Tem certeza de que ele era seu avô?

Jason pareceu desconcertado, mas repetiu:

– Sim.

Dudly sorriu vitoriosamente e prosseguiu:

– Então o senhor pode fazer o favor de contar a este tribunal e a todos aqui presentes por que se referia a Howard "Red" Stevens, por mais raras que fossem essas referências, como tio ou como seu tio-avô?

Jason enrubesceu e baixou os olhos, fixando-os nos pés. Depois de uma longa pausa, começou:

– Howard "Red" Stevens era meu avô. Era pai do meu pai, coisa que nunca me agradou. Na realidade, tive vergonha disso a vida toda, até ele morrer. Eu o culpava por tudo que havia de errado na minha vida e o responsabilizava pela morte do meu pai. Só depois que ele morreu eu entendi que meu avô estava tentando ajudar meu pai e que meu pai morrera em consequência de um acidente que nada teve a ver com meu avô. Só depois que recebi a Dádiva Mais Preciosa é que pude dizer que me orgulhava de ser neto de Red Stevens e que era grato por tudo o que ele me ensinou.

Jason olhou desafiadoramente para Dudly, que prosseguiu:

– Então devemos entender que o senhor se sente merecedor e com direito a herdar bilhões de dólares de alguém de quem se envergonhava e do qual se negava a declarar-se neto durante todo o tempo em que ele viveu.

– Sim – respondeu Jason com voz rouca.

Depois de olhar com arrogância para a galeria e para mim, Dudly fixou o olhar em Jason e comentou:

– Estarrecedor. Realmente estarrecedor.

Hamilton interveio energicamente:

– Meritíssimo, protesto. O advogado poderia reservar suas opiniões e reações para um momento e um local mais adequados? O legado de Red Stevens e suas razões para deixá-lo não estão sujeitas à aprovação ou às opiniões do doutor Dudly.

Bati mecanicamente o martelo e acatei o protesto do doutor Hamilton.

Dudly se manteve impávido e começou a disparar perguntas para Jason.

– Alguma vez na vida, uma só, o senhor procurou emprego?

– Não – respondeu Jason.

– Alguma vez na vida, uma única que seja, o senhor teve um emprego remunerado?

Jason pareceu pensar por um instante, em seguida balançou a cabeça e respondeu:

– Não.

– O senhor poderia descrever para este tribunal e para todos aqui presentes sua breve experiência como fazendeiro no Texas, no ano passado?

Jason se ajeitou na cadeira e começou:

– Meu avô me ensinou a Dádiva do Trabalho mandando-me trabalhar no rancho de Gus Caldwell.

Dudly sorriu e inclinou a cabeça, para em seguida perguntar:

– Pois bem, qual foi o tipo de trabalho que o senhor fez durante esse período de um mês?

Jason respondeu:

– Cavei buracos para mourões e fiz uma cerca.

– E o que mais? – quis saber Dudly.

Jason pareceu confuso e balançou a cabeça:

– Mais nada.

Dudly seguiu pressionando:

– Então seria correto dizer que toda a sua experiência e a totalidade da sua bagagem com relação a trabalho se reduzem a um período de 30 dias, durante o qual tudo o que fez foi erguer uma cerca? O senhor acha que isso o qualifica, de algum modo, a gerir bilhões de dólares e a ajudar outras pessoas a entender a Dádiva do Trabalho?

Jason encolheu os ombros e gaguejou algo inaudível.

Dudly se retirou para sua mesa, exclamando:

– A testemunha está dispensada. Chamamos para depor... – Dudly fez uma pausa enquanto remexia em seus papéis e anunciou: – Gus Caldwell.

Foi como se uma parte da história percorresse o corredor do meu tribunal. Gus Caldwell pousou solenemente a mão sobre a Bíblia e prestou seu juramento. Em seguida, fez uma reverência respeitosa a mim e ao doutor Hamilton.

Dudly mal conteve um risinho ao perguntar:

– Quer dizer que o senhor é Gus Caldwell?

Gus Caldwell deixou o silêncio se arrastar até o ponto de desconforto que apenas uma pessoa absolutamente segura de si é capaz, para então responder:

– Sim, meu filho, eu sou Gus Caldwell. E você, quem seria?

Risadas ecoaram por toda a sala. Bati o martelo exigindo ordem.

Dudly pareceu indignado ao responder:

– Eu, meu senhor, sou L. Myron Dudly, advogado, e não sou seu filho.

Gus Caldwell se recostou na cadeira, soltou uma gargalhada e replicou:

– Pode ficar tranquilo, eu tenho certeza de que você não é meu filho. E esse é só um dos itens da longa lista de coisas pelas quais sou grato ao Todo-Poderoso.

As risadas desabaram feito uma chuvarada sobre o tribunal e eu mesmo não consegui conter um risinho enquanto exigia silêncio e ordem com meu martelo.

Dudly parou, recobrou a dignidade e recorreu a uma nova tática:

– Senhor Caldwell, poderia descrever para este tribunal a natureza e a dimensão dos seus negócios?

Gus Caldwell recitou sua listagem:

– Eu crio vacas, bois, cavalos. Planto trigo, entre muitos outros cultivos. Tenho poços de petróleo, de gás e sou dono de bancos, shoppings e algumas outras coisinhas de que não me lembro bem agora.

Dudly fez um movimento de cabeça, como se entendesse, e prosseguiu:

– Em vista de tantas atividades, postos de trabalho e vagas de emprego existentes em todos esses seus variados empreendimentos, o senhor pode nos ajudar a entender o escopo e a natureza da experiência de trabalho que proporcionou a Jason Stevens?

Gus balançou afirmativamente a cabeça e respondeu laconicamente:

– Ele fez uma cerca.

– Ele fez uma cerca – repetiu Dudly. – Certo, entendo.

Dudly pareceu refletir por um instante, depois prosseguiu:

– Pode nos ajudar a entender o provável benefício que 30 dias erguendo uma cerca trariam a alguém incumbido de empregar bilhões de dólares com o objetivo de ajudar as pessoas, entre outras coisas, a compreender a Dádiva do Trabalho?

Gus Caldwell balançou a cabeça com condescendência, como quem se prepara para falar com uma criança.

– Meu filho, quem é capaz de fazer uma boa cerca é capaz de fazer qualquer coisa. A natureza do trabalho não é tão importante quanto a natureza da pessoa. Qualquer um pode aprender os passos necessários para cumprir uma função, mas poucas pessoas compreendem o orgulho, a dignidade e a honra que existem em realizar bem um trabalho. Minhas empresas cresceram a ponto de valer muito dinheiro, eu sou capaz de administrar todas elas, e não aprendi isso em livro nenhum. Acho que foi trabalhando duro, construindo quilômetros e quilômetros de cercas, por exemplo, que aprendi tudo o que sei sobre o trabalho e muito do que sei sobre a vida.

Dudly balançou a cabeça, como se todos os que tivessem ouvido aquela resposta estivessem desapontados com ela. Em seguida, se retirou para a sua mesa com um aceno de mão desdenhoso:

– Meritíssimo, creio que já aprendemos tudo o que podíamos e pretendíamos com a testemunha.

Gus Caldwell ergueu os olhos para mim interrogativamente. Eu sorri e inclinei a cabeça, dizendo:

– Senhor Caldwell, esta corte lhe agradece por ter comparecido aqui hoje.

Gus se levantou e respondeu:

– Senhor, não precisa me agradecer. Eu faria as coisas mais inimagináveis por Red Stevens.

Gus Caldwell foi saindo pelo corredor com todos os olhos cravados nele.

Por fim, perguntei a Dudly:

– Doutor Dudly, Vossa Excelência tem mais alguma testemunha?

– Não, Meritíssimo – respondeu ele. – Acredito que ouvimos mais do que o suficiente do senhor Caldwell e do próprio senhor Jason Stevens para perceber que esse jovem – Dudly apontou um dedo na direção de Jason enquanto falava – não sabe nem poderia saber nada a respeito do mundo do trabalho e muito menos possui a capacidade e o discernimento para administrar bilhões de dólares para ajudar os outros.

Eu fiquei olhando fixamente para Dudly, enquanto analisava a situação.

Em seguida, foi a vez de Hamilton fazer uso da palavra:

– Meritíssimo, a questão que se coloca perante este tribunal não é a opinião do doutor Dudly a respeito do testamento de Red Stevens, nem a respeito dos hábitos de trabalho de Jason Stevens. A questão que se coloca é bem mais simples: será que Jason Stevens compreende de fato a Dádiva do Trabalho e é capaz de transmitir essa lição a outras pessoas usando os recursos que lhe foram legados pelo avô? Eu acredito, e a vontade de seu avô assim o exige, que ele deveria ter a chance de provar seu mérito nesta questão de uma vez por todas.

Hamilton sentou-se como se o assunto estivesse decidido e, efetivamente, estava. Meus olhos se fixaram por um instante em cada um dos advogados. Então proclamei:

– Esta corte decide que Jason Stevens tem 30 dias para comprovar, por seus próprios meios e do seu próprio modo, que entende a Dádiva do Trabalho e que, além disso, possui os requisitos para transmitir a outros essa dádiva de Red Stevens. Se, ao final de 30 dias, esta corte mostrar-se satisfeita nessa matéria, passaremos à dádiva seguinte. Caso contrário, o testamento será anulado e os bens do Fundo Red Stevens serão divididos *pro rata* entre os herdeiros habilitados no processo. Está encerrada a sessão.

*

Nos dias que se seguiram a cobertura da mídia foi sem tréguas e sem precedentes. A firma Dudly, Cheetham & Leech teve seus momentos de fama, enquanto Hamilton deve ter encontrado um lugar para se esconder da imprensa. As aparições públicas de Jason Stevens eram registradas aqui e ali com uma confiabilidade questionável. A verdade é que estávamos todos no escuro.

Eu ficava me perguntando se acertara ao aceitar aquela tarefa, tendo em vista Jason Stevens e, principalmente, Red Stevens. Seria ela razoável ou até mesmo viável?

Nas semanas seguintes, despachei como pude o restante da minha carga processual e procurei me concentrar em outros assuntos.

*

Então o dia inesquecível chegou. Como de hábito, eu estava sentado na minha poltrona de couro, com uma xícara de café na mão, enquanto a manhã se insinuava, quando tive uma visão que me deixou perplexo. A vista que normalmente se tinha da janela do meu gabinete era a do sol nascendo, das construções abandonadas e dos edifícios residenciais em ruínas e do terreno baldio onde os tratores tinham deixado suas marcas. Uma coisa, porém – ou melhor, tudo –, estava diferente, tanto espiritual quanto materialmente.

Com o dia mal começando, eu via uma cerca em estilo texano se materializando ao redor do terreno antes abandonado. O pessoal da vizinhança – na realidade, integrantes de uma gangue – se espalhava por toda a área executando uma série de tarefas – algumas que eu podia identificar e outras que eram um mistério para mim.

Quando o dia se firmou, o sol já no alto revelou caminhões descarregando materiais e equipamentos de playground. Comerciantes, líderes empresariais e moradores da região formavam grupos em torno do terreno e viaturas de diversos canais de televisão vinham cobrir os acontecimentos.

Bem lá no fundo, eu desconfiava do que estava se passando. Sorri e depois ri abertamente na privacidade da minha sala. Eu mal conseguia esperar pelo dia que se anunciava, quando a realidade daquela situação seria exposta no meu tribunal.

*

Cumprimentei todos os que estavam reunidos na sala e bati o martelo pedindo silêncio.

– Bom dia. Esta sessão tem por finalidade determinar em caráter final o efetivo cumprimento de tarefas por parte de Jason Stevens e sua adequação às responsabilidades demandadas pelo testamento de Howard "Red" Stevens. O tribunal solicita que Jason Stevens ocupe o banco das testemunhas.

Jason caminhou confiante até o lugar, fez o juramento com impaciência e sentou-se na ponta da cadeira. Fiz sinal com a cabeça para o doutor Hamilton começar.

Hamilton olhou para Jason e pediu:

– Jason, conte-nos o que aconteceu.

Jason fez uma pausa, respirou fundo e começou:

– Bem, em todas as minhas idas e vindas ao prédio do tribunal no mês passado, tive que passar pelo terreno baldio aqui ao lado. Ouvi muita gente da região comentar que há tempos eles querem ver um parque naquele lugar. Parece que houve petições, arrecadação de fundos, manifestações e ações judiciais, mas nada jamais aconteceu. Meu avô me mostrou, com suas palavras e com seu exemplo de vida, a força dos que possuem um objetivo e estão dispostos a trabalhar.

Ele parou um instante e então retornou a explicação:

– Depois do final da sessão do tribunal no mês passado, fui até esse terreno baldio e, no meio dos entulhos, descobri antigos postes de madeira da rede elétrica. Consegui umas ferramentas, serrei os postes e fiz a única coisa que sabia fazer: comecei a construir uma cerca em volta do terreno. Aí foram aparecendo crianças, adolescentes, aposentados e todo tipo de gente para perguntar o que eu estava fazendo. Eu dizia a elas que o terreno poderia se transformar num parque se todos nós tivéssemos esse objetivo e estivéssemos dispostos a trabalhar por ele. Dizia que não precisávamos de governo, de verbas extras, de abrir processos ou fazer manifestações. Precisávamos somente de um grande sonho e de um pouco de trabalho.

Eu olhava para o rapaz, que continuou:

– Enquanto eu erguia a cerca, alguns garotos começaram a limpar o terreno. Líderes empresariais locais fizeram contatos para conseguir grama e árvores. Empreiteiros utilizaram o concreto que sobrou de outros projetos para fazer as calçadas e um estacionamento. E então...

Jason parou e timidamente ergueu os olhos na minha direção dizendo:

– Meritíssimo, acho que se o senhor for até lá irá notar que já temos um parque.

Os aplausos tomaram conta da sala do tribunal. Peguei meu martelo para pedir silêncio, mas achei que deveria esperar alguns instantes enquanto os aplausos prosseguiam.

Sorri para o doutor Hamilton e para Jason e disse:

– Que fique registrado que este tribunal entende que Jason Stevens demonstrou não apenas compreensão da Dádiva do Trabalho, como capacidade incomum de transmiti-la a outras pessoas. Prosseguiremos amanhã, às 10 horas, com a próxima questão, a Dádiva do Dinheiro. Sessão encerrada.

QUATRO

A vida e a dádiva do dinheiro

O dinheiro é o fruto de nossos esforços
e o combustível de nossos sonhos.

Gosto de dar uma boa caminhada, de ver o sol nascer e de passear por parques aprazíveis. Na manhã seguinte, eu estava fazendo as três coisas ao mesmo tempo. Observar o sol emergindo no horizonte dá um toque de emoção ao dia.

Minha querida esposa, Marie, sente o mesmo que eu em relação a ver o sol brilhar no horizonte. No entanto, ela acha o pôr do sol mais em sintonia com seus horários.

O ar estava frio e o dia, claro no parque. Não era um parque qualquer. Eu estava caminhando no parque municipal Howard "Red" Stevens, conforme anunciava a placa na entrada. A placa também informava: "Este parque é uma homenagem ao trabalho árduo das pessoas da comunidade que o construíram."

O espetáculo do sol nascente era magnífico do lugar em que me encontrava no parque. Eu estava a apenas alguns metros do prédio do tribunal. Na verdade, podia ver o sol refletido na vidraça da janela do meu gabinete. Pensei em como é impressionante constatar que uma visão nova pode mudar inteiramente a perspectiva que se tem do mundo. E ri comigo mesmo ao concluir como é fundamental que um juiz tenha consciência disso. Muitas vezes os juízes se veem forçados a usar o intelecto para aplicar a lei e tomar uma decisão contrária ao que pedem seus corações.

Eu me sentei num banco e fiquei observando, entre outras coisas, uma mocinha de porte atlético que vestia uma roupa de ginástica bem justa e corria pelo parque seguida de perto por seu cachorro. Quando chegaram a uma clareira do lado oposto, ambos pararam, aparentemente tendo completado o percurso.

A moça procurou na mochila uma bola de tênis e jogou-a a curta distância. O cachorro deu um salto, pegou a bola no ar e a levou de volta. Ela repetiu várias vezes o gesto, enquanto eu olhava disfarçadamente. Depois revirou a mochila e tirou lá de dentro mais algumas bolas de tênis. Dessa vez, quando o cachorro voltou, ela lançou duas bolas. O animal era muito esperto e conseguiu abocanhar as duas ao mesmo tempo, levando-as de volta à dona.

Mas aí ela arremessou quatro bolas de tênis. O cachorro saiu correndo avidamente atrás delas, pulou e se retorceu todo, excitado como uma criança numa loja de doces. No entanto, todas as suas tentativas de abocanhar as quatro de uma vez fracassaram.

Enquanto eu curtia a cena de longe, não pude evitar que o caso Stevens ocupasse meus pensamentos. Durante toda a noite eu assistira a reportagens que mostravam o doutor Dudly na companhia de Jack, filho de Red. Impressionou-me o fato de que, embora Jack Stevens tivesse herdado milhões de dólares, por alguma razão isso não lhe bastava. Ele estava se arriscando a perder tudo por querer mais.

O cachorro ficava mais confuso e agitado cada vez que, ao pegar uma ou duas bolas, elas lhe escapavam da boca quando ele tentava abocanhar uma terceira.

Quando me levantei do banco e comecei a tomar o rumo do tribunal, o cão estava tão desnorteado que corria em círculos, gania e rolava de costas no chão com as quatro patas no ar.

Ao passar por ele, falei:

– Você me faz lembrar de uns seres humanos que conheço.

O cão ergueu a cabeça e rosnou. Acho que não gostou muito da comparação.

Acenei para a moça, sorri e fui embora. Ela apontou para o cachorro e falou:

– Às vezes ele não é muito inteligente.

Rindo, eu respondi:

– Ora, isso acontece nas melhores famílias.

Fiquei com vontade de ir jantar à noite com Marie em um dos nossos restaurantes preferidos. Por algum motivo, tinha certeza de que ela ficaria totalmente fascinada com a lição que eu aprendera com aquela bela jovem e seu cachorro. Mas eu ainda tinha pela frente um longo dia de trabalho no tribunal antes do jantar.

*

– Todos de pé – bradou meu meirinho, Paul, com voz grave, enquanto eu subia os três degraus tão familiares e me instalava em meu posto.

Bati o martelo pedindo silêncio, enquanto organizava os pensamentos.

Eu tinha a esperança de que o advogado da família Stevens pudesse deixar passar meu pronunciamento do dia anterior sem protestos ou objeções, mas não estava lá muito confiante de que isso acontecesse.

– Meritíssimo – acenou Dudly.

Olhei para ele e perguntei:

– Pois não.

Eu começava a perceber que meus temores se concretizariam.

– Há uma série de objeções e moções que a justiça e a gravidade deste caso nos obrigam a fazer.

Assenti com a cabeça, resignando-me com meu destino.

Dudly prosseguiu:

– Meritíssimo, nossa primeria objeção é relativa ao fato de as incursões do senhor Stevens no parque serem legitimamente definidas como trabalho no que concerne àquilo que os documentos do testamento de Red Stevens descrevem como Dádiva do Trabalho. Jason Stevens não recebeu dinheiro ou qualquer outra remuneração por seus esforços. Assim sendo, acreditamos que ele não realizou nenhum trabalho, nem demonstrou capacidade de, recorrendo ao Fundo de Red Stevens, levar outras pessoas a entenderem e executarem seu trabalho. Para os fins dessa questão, não havendo recebido dinheiro, os esforços do senhor Stevens não têm valor.

O doutor Hamilton limpou a garganta e, de seu lugar, fez um breve comentário.

– Meritíssimo, se o fato de não receber dinheiro em troca de trabalho torna alguém sem valor, os clientes do doutor Dudly, com toda a certeza, deveriam ser considerados inúteis. Nós acreditamos que a vontade de Red Stevens foi bem clara e que Jason Stevens superou em muito as exigências do testamento.

Acenei afirmativamente com a cabeça em direção ao doutor Hamilton e repliquei:

– Devo concordar com Vossa Excelência, doutor Hamilton.

E desviando os olhos para o doutor Dudly:

– Objeção negada.

Dudly passou à página seguinte do documento, que parecia não ter fim.

– Meritíssimo, fazemos em seguida objeção às atividades não autorizadas, pouco éticas e certamente ilegais do senhor Stevens no que ele vem denominando aqui de parque municipal.

O doutor Dudly pronunciou as palavras "parque municipal" como se fossem repugnantes e indignas dele.

Minha paciência estava se esgotando. Apontei meu martelo na direção do advogado e disse:

– Doutor, se Vossa Excelência tem alguma questão a levantar a esse respeito, eu gostaria que o fizesse de imediato.

L. Myron Dudly corou ligeiramente e pigarreou. Sabia que estava pisando em ovos, mas se recobrou e contra-atacou.

– Meritíssimo, o senhor Jason Stevens precisava de autorização para construir, era obrigado a verificar as normas municipais e estaduais de zoneamento, além de observar a legislação sobre emprego e trabalho infantil para poder executar adequadamente suas atividades durante o mês passado. Além disso, seu fundo de investimentos e os bens do espólio foram todos bloqueados e, como o doutor Hamilton aparentemente está trabalhando em troca de algo envolvendo uma xícara de café, existem aqui obviamente inúmeras irregularidades financeiras, se não uma ilegal malversação de recursos.

Theodore J. Hamilton pigarreou energicamente e se levantou bem devagar, envergando toda a sua estatura.

– Meritíssimo, se me permite, posso clarear toda essa névoa criada pelo doutor Dud...

Hamilton teve outro de seus breves acessos de tosse e nem se deu o trabalho de completar a segunda sílaba do nome Dudly, que se levantou feito um foguete e esmurrou a mesa.

– Meritíssimo – disse Dudly –, por quanto tempo mais terei que sofrer tais achaques?

Hamilton lançou um olhar da maior ingenuidade para Dudly e disse:

– Eu sou o único aqui que sofre de tosse. Vossa Excelência está com alguma indisposição, doutor?

O rosto de Dudly ficou da cor de uma das minhas tão adoradas auroras.

Hamilton então declarou com toda a dignidade:

– Se isso satisfaz a este tribunal, rogo ao doutor Dudly que seja complacente com algum incômodo eventual que minha idade avançada possa ter causado.

Dudly devolveu:

– Quando eu tiver 80 anos, posso lhe assegurar que não estarei aborrecendo as pessoas num tribunal.

Hamilton sorriu com benevolência e retrucou:

– Doutor Dudly, creio que todos aqui concordamos que, para

tanto, Vossa Excelência não precisará esperar os 80 anos, uma vez que já demonstra agora suficientemente sua ampla capacidade de aborrecer as pessoas.

A cor de sol nascente do rosto do doutor Dudly ficou ainda mais intensa e ele se deixou cair na cadeira em total prostração.

Bati meu martelo exigindo ordem no tribunal e o silêncio voltou a se instalar na sala.

Hamilton falou:

– Meritíssimo, tenho a esperança de que Vossa Excelência possa impedir que o tribunal perca seu tempo com esse tipo de detalhe. Estou disposto a apostar minha reputação de membro do judiciário por mais de meio século para assegurar que as permissões, licenças, autorizações para trabalhar e qualquer outro documento legal, seja federal, estadual ou municipal, se encontram em ordem e foram devidamente providenciados. Posso dar essa garantia à corte, pois eles foram todos diligentemente processados pelo escritório de advocacia Hamilton, Hamilton & Hamilton.

Dudly choramingou:

– E o dinheiro? De onde vieram os recursos para esse tal parque?

Hamilton sorriu altivo e, com um brilho nos olhos, orgulhosamente proclamou:

– Ora, fico muito agradecido a Vossa Excelência por trazer isso à atenção do tribunal e à minha memória. Houve, certamente, uma generosa doação ao recém-constituído Fundo Comunitário do Parque Municipal.

O doutor Hamilton fez uma pausa, remexeu numa pilha de papéis, encontrou o que aparentemente estava procurando e continuou, enquanto punha os velhos óculos de leitura.

– Sim, aqui está. Uma carta, devidamente assinada e registrada em cartório, anexada a um cheque avalizado pela gerência do banco em favor do fundo.

Dudly o interrompeu:

– Meritíssimo, protesto. Poderia, por favor, instar ao advogado que revele a fonte de tais recursos?

Depois de olhar com indignação para Dudly, Hamilton prosseguiu.

– Obrigado, doutor. Eu ia justamente chegar lá antes da sua interrupção. Muito embora o benfeitor desejasse passar despercebido, se não absolutamente anônimo, fui autorizado a revelar ao tribunal que todas as despesas extraordinárias requeridas para finalização do parque municipal Howard "Red" Stevens foram custeadas por uma organização recém-constituída.

Hamilton ajeitou os óculos e olhou fixamente para o documento que segurava.

– Essa organização recém-constituída é conhecida como Sociedade Anônima de Construtores de Cercas de Alpine, Texas. Meritíssimo, o responsável por essa sociedade parece estar por trás de um conglomerado empresarial, mas posso garantir ao tribunal que a própria sociedade anônima e os recursos concedidos ao Fundo Comunitário são legais e devidamente contabilizados.

Dudly abaixou a cabeça, enquanto os outros membros da sua equipe se mostravam perplexos e nervosos. Resmungos e murmúrios podiam ser ouvidos vindos da parte do clã dos Stevens.

Deixei que o silêncio se prolongasse por alguns instantes e falei:

– Não havendo mais nenhuma outra moção ou objeção, creio que podemos passar à questão que ora se apresenta a este tribunal. Hoje, com respeito ao testamento de Red Stevens, ouviremos os argumentos referentes à resposta de Jason Stevens à Dádiva do Dinheiro, que é parte da Dádiva Mais Preciosa, bem como o veredito do tribunal quanto à capacidade de Jason Stevens de gerir bilhões de dólares do Fundo Red Stevens em benefício da sociedade.

Fiz um gesto para o doutor Hamilton. Ele então disse:

– Meritíssimo, ficamos satisfeitos por Jason Stevens ter cumprido de forma bastante satisfatória a tarefa relativa à Dádiva do Dinheiro e por haver se qualificado para gerir o fundo, tal como previsto no testamento de Red Stevens.

Meu olhar mal se fixara em Dudly quando ele falou:

– Meritíssimo, chamamos Jason Stevens para depor.

Jason sentou-se no banco das testemunhas e eu expliquei aos presentes que ele já tinha prestado juramento e assim continuava em relação a essa matéria.

– Senhor Stevens, alguma vez em toda a sua vida o senhor ganhou seu próprio dinheiro?

Jason balançou a cabeça bem lentamente.

– Por favor, responda ao tribunal – insistiu Dudly.

– Não – disse Jason.

– Alguma vez administrou ou investiu dinheiro? – perguntou Dudly.

– Não, nunca – respondeu Jason.

– Poderia então explicar a este tribunal como qualquer pessoa normal poderia encarregá-lo de administrar seu dinheiro, ainda mais quando se trata de alguns bilhões de dólares que deveriam ser justamente herdados pelos meus clientes?

Dudly fez um gesto com as mãos abarcando os familiares reunidos no seu lado da sala do tribunal.

Como Jason não respondia, Dudly deu de ombros e comentou:

– Bem, creio que já temos a nossa resposta. Sem mais perguntas.

Hamilton se aproximou de Jason.

– É verdade que, depois de passar um mês no Texas construindo uma cerca para Gus Caldwell, você recebeu uma certa quantia em dinheiro, conforme determinado no testamento de seu avô?

Jason respondeu:

– Sim, acharam que a mão de obra para fazer a cerca valia mais ou menos 1.500 dólares. Então me pagaram e disseram que eu fosse procurar pessoas que pudessem ser ajudadas com aquele dinheiro.

Hamilton concordou com a cabeça e perguntou:

– E aí, o que você fez?

Jason olhou para longe e falou como se estivesse se lembrando de uma experiência agradável.

– Bom, primeiro eu encontrei um grupo de escoteiros que estava precisando de 200 dólares para ir à sua reunião anual. Depois dei 400 dólares para uma mulher pobre que ia perder, por falta de pagamento, a casa que comprara com o maior sacrifício. Em seguida, entrei numa loja de brinquedos no momento em que um casal dizia aos filhos que Papai Noel não viria naquele ano. Quando as crianças se afastaram, dei aos pais 300 dólares para comprarem brinquedos. Depois, vi uma senhora idosa chorando sentada num banco perto de uma farmácia, porque não podia comprar os remédios necessários para o tratamento do marido, que tinha problemas cardíacos.

Jason parou e olhou para mim. Havia lágrimas em seus olhos quando retomou o relato:

– Eles estavam casados havia 57 anos e ela me disse que nunca tinham atrasado um pagamento da farmácia em todos esses anos. Dei-lhe 200 dólares, o suficiente para comprar os medicamentos durante três meses, sobrando 20 dólares para que o casal fizesse um lanche. E, finalmente, encontrei um rapaz chamado Brian sentado ao lado de um carro enguiçado e fiquei impressionado com o seu desespero. Ele me contou que se o carro não fosse consertado, ele perderia o emprego. Fui com Brian até a oficina e paguei 700 dólares pelo conserto.

Hamilton sorriu para Jason como se olhasse para um filho de quem se sentia muito orgulhoso. Em seguida, voltou o olhar para mim, depois para a galeria, e disse:

– Creio que isso atende perfeitamente aos termos e condições do testamento de Red Stevens.

Dudly deu um pulo e exclamou:

– Meritíssimo, nós protestamos!

Ele segurava uma máquina calculadora na mão esquerda. Um

dos seus assistentes da Dudly, Cheetham & Leech tinha outra à sua frente.

Dando um sorrisinho afetado e desafiador para Hamilton, Dudly declarou:

– Seu cliente foi instruído a gastar 1.500 dólares e declara ter gastado 1.800. Isso comprova que Jason Stevens é incapaz de cuidar do próprio dinheiro, muito menos dos bilhões de dólares a que meus clientes fazem jus por direito.

Olhei para o doutor Hamilton. Ele respondeu:

– Jason, você pode esclarecer essa discrepância de 300 dólares?

Jason parecia inseguro quando falou:

– Bom, ele estava mesmo precisando do carro, e o conserto custava 700 dólares.

Hamilton prosseguiu:

– Mas, então, de onde saíram os 300 dólares?

Jason fez um esforço para conter o nervosismo:

– Tirei do meu bolso.

Dudly não deixou passar:

– Protesto. Obviamente isso não condiz com os critérios estabelecidos por Red Stevens. Ele deveria distribuir 1.500 dólares e, assim, comprovar que é capaz de administrar recursos. Não creio que tenha cumprido a tarefa.

Bati o martelo e decidi:

– Julgo que Jason Stevens atendeu tanto ao espírito quanto à letra do documento. E se, durante os próximos 30 dias, puder demonstrar que é capaz de transmitir a Dádiva do Dinheiro a outras pessoas, essa parte do caso estará definitivamente resolvida. Está encerrada a sessão.

*

De volta ao meu gabinete, Red Stevens se dirigiu a mim do DVD, tal como fizera com Jason a respeito da Dádiva do Dinheiro:

Hoje nós vamos falar sobre o que é, certamente, o bem mais incompreendido do mundo, ou seja, o dinheiro. Nada, absolutamente nada, é capaz de substituir o dinheiro naquilo que ele faz; mas, se considerarmos o resto das coisas do mundo, o dinheiro é completamente inútil.

Por exemplo, todo o dinheiro do mundo não é capaz de comprar um dia a mais de vida. Se não fosse assim, eu estaria lhe falando diretamente e não precisaria do DVD. E é importante compreender que o dinheiro não fará você feliz. Eu me apresso a acrescentar que a pobreza também não fará você feliz. Eu fui rico e fui pobre. Comparando as duas coisas, ser rico é melhor.

Jason, você não faz a menor ideia do valor do dinheiro. Isso não é culpa sua. É minha. Mas tenho esperança de que, nos próximos 30 dias, você comece a entender o que o dinheiro significa na vida das pessoas reais no mundo real. A maior parte da violência, da ansiedade, das diferenças e dos desentendimentos neste mundo é causada mais pela incompreensão do significado do dinheiro do que por qualquer outro fator. Esses conceitos lhe são estranhos porque para você o dinheiro é como o ar que respira. Há sempre mais. Basta respirar outra vez.

Sei que você se acostumou a sair por aí ostentando riqueza e gastando dinheiro frivolamente. Eu assumo a responsabilidade por esse seu comportamento, porque o privei do privilégio de entender a justa relação entre trabalho e dinheiro.

*

Elas se alinhavam ao longo da parede, ombro a ombro, no fundo do tribunal. Apertavam-se dos dois lados da galeria, chegando até a frente da sala. Eram três fileiras repletas de jovens mulheres de origens diversas.

Um mês transcorrera rapidamente desde que eu tinha incumbido Jason Stevens de comprovar sua competência em relação à Dádiva do Dinheiro. Eu já pedira silêncio no tribunal e, como todos os presentes, estava curioso em saber o que era aquela concentração de mulheres. Antes, porém, que eu pudesse fazer qualquer pergunta, Dudly, previsivelmente, falou:

– Protesto, Meritíssimo. Que exibicionismo ultrajante é esse, ou será uma tática adotada pelos meus oponentes para impressionar? – Dudly gesticulava para todos os lados enquanto seguia falando: – Meus clientes e eu gostaríamos de saber o que significa tudo isso.

Dei de ombros e comentei apenas:

– Eu também quero saber o que significa isso.

Hamilton riu e disse:

– Meritíssimo, eu sei do que se trata, mas creio que meu cliente poderia explicar melhor.

Quando Jason sentou-se no banco das testemunhas, Hamilton se aproximou e perguntou:

– Jason, gostaria de explicar a todos o motivo dessa concentração de jovens hoje no tribunal?

Jason sorriu meio acanhado e respondeu:

– Não fui eu quem pediu que elas viessem.

Dudly imediatamente protestou:

– Meritíssimo, alguém acredita que Jason Stevens não tem nada a ver com essa aglomeração?

Jason, olhando para mim, continuou:

– Bom, eu sei quem elas são, e sei por que estão aqui, mas não fui eu quem as chamou.

Hamilton encorajou Jason, perguntando:

– Então pode nos dizer quem são elas?

Jason olhou para as fileiras formadas pelas jovens em torno da sala do tribunal:

– Li num jornal que as mães solteiras estavam entre as pessoas mais carentes da nossa sociedade. Então fui a algumas regiões de baixa renda e visitei creches, escolas, centros comunitários e abrigos. Neles encontrei uma quantidade enorme de mães solteiras. Consegui reuni-las para perguntar quais eram as suas necessidades básicas, e... – Jason parecia brigar com as palavras – ... bem, acho que acabamos criando uma espécie de... projeto.

Hamilton sorriu e perguntou:

– Pode nos falar desse... projeto?

Jason continuou:

– O maior problema delas é gastar muito dinheiro com creche e não dispor de tempo livre para conviver com os filhos. Então nós bolamos uma espécie de creche cooperativa, onde as mães se revezam nos turnos e tomam conta dos filhos umas das outras, de dia, de noite e nos fins de semana. Isso lhes dá mais tempo com as crianças e economiza o dinheiro que gastariam com a creche.

Hamilton fez um sinal com a cabeça para Jason prosseguir.

– Depois, tiramos certidões e documentos de tutela para todas elas, pois essa é uma grande necessidade de qualquer mãe solteira responsável pela própria família. Nós as ajudamos a negociar juros mais baixos nos cartões de crédito e muitas conseguiram se ver livres das dívidas. Levamos consultores financeiros para dar aulas na comunidade, ensinando-as a lidar com dinheiro e assim melhorar sua qualidade de vida.

Hamilton estava radiante. Ergueu o polegar na direção de Jason, virou-se e praticamente fez uma reverência diante do doutor Dudly, anunciando:

– A testemunha é toda sua, doutor advogado.

Dudly avançou para Jason, que instintivamente recuou na cadeira, num gesto de defesa. Então Dudly atacou:

– Senhor Stevens, o que, afinal, o qualifica para ir em auxílio dessas moças ou de qualquer pessoa, providenciando documentos, resolvendo problemas de crédito ou ensinando-lhes planejamento financeiro?

Jason deu de ombros e respondeu:

– Na verdade, nada. O senhor Watkins e a senhora Hastings me ajudaram.

Jason fez um sinal com a cabeça apontando para a bancada de advogados.

Dudly me olhou e declarou:

– Meritíssimo, Jason Stevens não ajudou ninguém com dinheiro. Encontrou outras pessoas para fazê-lo. Ele simplesmente não se acha qualificado para...

A batida do meu martelo interrompeu o doutor Dudly:

– Doutor, é um fato amplamente reconhecido em nossa sociedade que as pessoas que precisam cumprir tarefas complexas ou especializadas buscam a assessoria de especialistas. Essa é a razão pela qual firmas como a Dudly, Cheetham & Leech existem.

Fixei os olhos na longa fileira de moças que circundava a sala do meu tribunal. Embora fossem bastante apresentáveis, o custo de todas as suas roupas não seria suficiente para comprar uma só das peças de vestuário usadas pelo clã dos Stevens. Mas aquelas mulheres passavam uma impressão de altivez e dignidade que eu não seria capaz de definir. Talvez se tratasse simplesmente de esperança.

Olhei para o meu escrivão, Scott, e declarei:

– Que fique registrado que o senhor Stevens se incumbiu de forma inequívoca e admirável, para plena satisfação deste tribunal, de todas as tarefas referentes à Dádiva do Dinheiro.

A vibração calorosa que partiu de todos os cantos da sala do tribunal me impediu de bater o martelo exigindo silêncio. Olhei para Hamilton e Dudly e comuniquei:

– Doutores, amanhã é outro dia. Está encerrada a sessão.

CINCO

A vida e a dádiva dos amigos

Ninguém pode se considerar fracassado se tiver um amigo e ninguém pode se considerar bem-sucedido se não tiver um.

Em vez de esfriar, como eu imaginava, a cobertura da mídia foi ganhando cada vez mais força. Imagens de jovens mães solteiras invadindo o meu tribunal foram um prato cheio para a televisão e a imprensa.

Procurei algum precedente legal de casos famosos dessa natureza que tivessem se prolongado por um ano ou mais. Como não havia nenhum, eu tinha a honra bastante questionável de inaugurar novos caminhos em matéria legal.

Um dos meus programas de TV preferidos exibiu uma entrevista do filho caçula de Red Stevens, Bill, e do doutor Dudly. Bill começou afirmando, com a maior candura, que o caso "nada tinha a ver com dinheiro", uma frase que deveria ocupar uma posição de destaque na galeria de honra das mentiras, se existisse uma. Mais de quatro décadas de tribuna tinham me ensinado que tudo é sempre uma questão de dinheiro.

O apresentador do programa errou ao não pressionar Bill sobre o assunto do dinheiro e o deixou acusar Jason Stevens de ter sido um playboy imprestável e inconsequente durante toda a vida, o que justificava a ação que a família, a contragosto, movia contra ele na justiça.

– Privar os herdeiros legítimos do fruto do trabalho árduo do nosso amado pai – argumentou Bill –, para entregá-lo nas mãos de uma pessoa como Jason seria um erro inadmissível. Por isso investiremos o tempo e o dinheiro necessários para impedir tamanha injustiça.

– Vocês estão preocupados por terem perdido as duas primeiras etapas das 12 que compõem este caso? – perguntou o apresentador.

Bill fez um gesto desdenhoso com a mão e gracejou:

– Não, porque Jason e seu velho advogado terão que superar todas as 12 etapas para ganhar a causa, enquanto que nós, os legítimos herdeiros, só precisamos vencer uma para ficar com a herança.

Perto do fim do programa, o apresentador perguntou:

– Senhor Stevens, os senhores estão cientes de que, perdendo essa causa, não só ficam sem a parte de Jason Stevens no espólio como ainda perdem tudo o que herdaram previamente? Isso não deixaria o senhor e a família sem um centavo?

Bill deu um risinho nervoso, pigarreou e disse com voz rouca:

– Estamos muito confiantes de que, com o auxílio e a competência do doutor Dudly, a justiça será feita.

O tema musical começou a tocar, assinalando o final do programa. A entrevista me fez ver que havia ainda uma longa estrada a percorrer, com muitos obstáculos pelo caminho. E a situação de Jason me lembrou que o caçador tem a possibilidade de cometer muitos erros, mas a caça simplesmente não pode errar.

*

Meus meirinhos, Jim e Paul, vieram ao meu encontro no corredor. Jim pediu desculpas, enquanto Paul se apressou a explicar:

– Nós deveríamos ter feito alguma coisa com aquelas mulheres ou tê-lo alertado antes de começar a sessão.

Dei uma palmadinha no ombro de cada um e disse:

– Cavalheiros, este é um prédio público e uma corte sempre aberta. Vocês não precisam se explicar. – E ri ao expressar em voz alta o que estava pensando: – Não sei por que, mas estou achando que hoje vai ficar faltando alguma coisa neste tribunal.

No entanto, quando entrei e tomei o meu lugar na tribuna, apesar de a sala estar repleta, não se via mais aquela longa fila de mães solteiras. Era uma visão que eu tão cedo não esqueceria.

Bati o martelo, respirei fundo e comecei:

– Hoje iremos examinar a Dádiva dos Amigos.

Olhei para Theodore J. Hamilton e perguntei:

– Vossa Excelência está preparado?

Sorri intimamente ao pensar que perguntar a Theodore J. Hamilton se está preparado é o mesmo que perguntar a um leão faminto se gostaria de comer.

Hamilton se limitou a fazer que sim com a cabeça e Jason foi logo ocupar o banco das testemunhas. Hamilton então pediu:

– Jason, queira contar ao tribunal o que aprendeu com seu avô a respeito da amizade.

Jason umedeceu os lábios, respirou fundo e disse:

– Eu nunca tinha entendido a verdadeira definição de amigo ou a profundidade da amizade antes de receber do meu avô a Dádiva dos Amigos.

Jason parecia estar lutando com seus pensamentos quando Hamilton acenou, pedindo que prosseguisse.

– Suponho que amigo é aquela pessoa com quem se pode contar, não importa o que aconteça – disse Jason. – É alguém que aplaude o que fazemos de bom e aceita as nossas falhas.

Hamilton interveio:

– Durante o mês em que Red Stevens lhe ensinou acerca da Dádiva do Dinheiro, você foi apresentado a uma pessoa de quem se tornou amigo?

Jason respondeu que sim e Hamilton perguntou:

– E continuam amigos até hoje?

Jason balançou a cabeça, dizendo:

– Sim. Não nos falamos com a frequência que gostaríamos, mas somos amigos.

Hamilton olhou para mim e disse:

– Meritíssimo, creio que isso atende a tudo aquilo que Red Stevens estipulou na Dádiva dos Amigos. Nela, só se pede que seja estabelecida uma relação de amizade com alguém.

O doutor Hamilton retornou à sua bancada, enquanto o doutor Dudly inapelavelmente se levantou:

– Meritíssimo, se me permite.

Assenti com a cabeça diante do inevitável.

Dudly prosseguiu:

– Temos algumas perguntas. Jason, você nos contou que encontrou um rapaz chamado Brian quando foi solicitado a comprovar a Dádiva do Dinheiro.

Jason concordou com a cabeça e respondeu:

– Correto.

Dudly sorriu malignamente e perguntou:

– Poderia, por favor, contar ao tribunal as circunstâncias em que encontrou Brian e como vocês dois ficaram amigos?

Jason encolheu os ombros e respondeu:

– Eu vinha dirigindo depois de sair do escritório do doutor Hamilton, onde assisti ao vídeo do meu avô sobre a Dádiva do Dinheiro. As palavras e os exemplos que ele me deu tinham mexido muito comigo. Foi aí que notei um carro enguiçado à beira da estrada e um rapaz sentado ao lado, parecendo desesperado. Foi assim que conheci o Brian. Ajudei-o a conseguir um motor novo, começamos a conversar e a sair juntos e agora somos amigos.

O doutor Dudly riu alto e disse:

– Vejamos se eu entendi. Você viu um rapaz com o carro enguiçado à beira de uma estrada, comprou um motor novo para ele e acha que fez um amigo. É isso?

Jason confirmou com a cabeça e olhando fixamente para Dudly afirmou:

– Sim, senhor. É isso mesmo.

Dudly perguntou:

– Jason, você já teve algum amigo na vida para o qual não tenha dado qualquer dinheiro do seu avô ou comprado coisas para ele?

– Bom, a Emily – respondeu Jason.

Dudly assumiu uma postura reverente ao perguntar:

– Está se referindo à falecida filha da sua noiva?

Jason respondeu que sim.

Dudly virou os olhos para mim:

– Com o devido respeito, creio que isso deve ser mais adequadamente classificado como uma relação familiar.

Dudly se movia agilmente.

– Então, Jason, voltando à pergunta. Você já teve algum amigo na vida para quem não tenha dado qualquer dinheiro do seu avô ou comprado coisas para ele?

Jason pareceu fazer um esforço tentando relembrar o passado. Em seguida, balançou a cabeça e disse:

– Não, graças ao meu avô eu sempre tive muito dinheiro e por isso procurava ajudar financeiramente os meus amigos.

– E foi dessa mesma forma que encontrou Brian?

– Bem, acho que sim – respondeu Jason.

Dudly atirou de volta:

– Quantos desses amigos você tem visto e quantos o procuraram desde que você teve os bens do seu avô bloqueados?

Jason olhou para o chão e disse:

– Bem, na verdade, nenhum.

Triunfante, Dudly declarou:

– A testemunha está dispensada. Meritíssimo, qualquer pessoa se comporta como amigo quando há alguém lhe dando dinheiro, pagando suas despesas ou comprando-lhe coisas. Essa não é a definição de amigo, nem atende aos critérios estabelecidos por Red Stevens em seu testamento.

Hamilton interveio:

– Meritíssimo, protestamos contra a afirmação do advogado de que ter ou compartilhar dinheiro necessariamente exclui os elementos de uma amizade autêntica e duradoura. Não se pode comprar um amigo, nem é possível perder sua amizade simplesmente por dividir com ele aquilo que se possui.

Eu estava confuso. Tanto Hamilton quanto Dudly tinham levantado questões relevantes. A prova não era irrefutável, tal como nas dádivas do Trabalho e do Dinheiro.

Respirei fundo para ganhar tempo e aí me lembrei das palavras do velho juiz Eldridge: "Nunca tome uma decisão enquanto não tiver que fazê-lo."

Sorri e agradeci mentalmente pela enésima vez ao meu mentor.

– No momento – argumentei –, este tribunal não dispõe de provas conclusivas que sustentem o fato de que Jason Stevens cumpriu com sucesso o requerido para a Dádiva dos Amigos.

Uma cacofonia de gritos, assovios e expressões entusiásticas se fez ouvir por parte do clã dos Stevens. Bati o martelo sem dó nem piedade e fuzilei-os com o olhar até que um silêncio sepulcral baixasse.

– Doutor – rosnei –, comunique aos seus clientes que exigimos ordem neste tribunal. Isso aqui não é um estádio de futebol.

Deixei que o silêncio se prolongasse antes de continuar:

– Por outro lado, este tribunal não encontra provas suficientes para concluir que as amizades feitas por Jason Stevens não sejam legítimas. Assim sendo, o tribunal adiará seu julgamento, na expectativa de que haja provas mais claras dentro de 30 dias, quando o senhor Stevens poderá demonstrar que possui a capacidade não só de fazer amigos, como de transmitir a Dádiva dos Amigos a outras pessoas. A sessão está encerrada.

*

Voltando ao meu gabinete, dei uma boa olhada nas muitas fotografias que estavam na parede. Havia fotos minhas da faculdade e inúmeras outras com assessores e colegas. Fiquei me perguntando quantas daquelas pessoas, se é que havia alguma, cumpririam os requisitos de amizade estabelecidos pelo tribunal. Estava em busca de clareza e inspiração quando pus para rodar o DVD intitulado *A Dádiva dos Amigos*.

Red Stevens surgiu na tela como se sempre tivesse estado ali e sempre fosse estar.

Amigo é uma palavra dita com muita frequência por gente que não sabe o seu significado. Hoje em dia, as pessoas chamam qualquer um que conhecem de amigo. Meu rapaz, você será feliz se viver tanto quanto eu vivi e puder contar os amigos de verdade nos dedos das duas mãos.

Vou agora dividir com você, Jason, uma história que jurei não contar a ninguém enquanto vivesse. Mas como você está vendo e ouvindo isso depois da minha morte e na presença da pessoa para quem eu fiz o juramento, me sinto à vontade para contá-la. Como você sabe, vivi até os 75 anos e tive o que a maior parte das pessoas considera uma vida longa e saudável. Mas nem sempre foi tranquila.

Lembro-me de quando eu tinha acabado de completar 38 anos e fui hospitalizado com uma febre altíssima. Para saber do que se tratava, os médicos consultaram os maiores especialistas do país. Finalmente, veio o diagnóstico: eu sofria de uma doença renal rara e incurável. A única esperança estava num novo procedimento: transplante de rim.

É preciso entender que aquilo era algo de que nunca se ouvira falar e que não havia doadores disponíveis como existem hoje. Chamei o doutor Hamilton, que foi sempre o meu advogado, e lhe disse que precisaríamos dar início a uma pesquisa de âmbito nacional para encontrar um rim compatível. Eu estava apavorado, porque o especialista me dissera que, sem o transplante, eu não teria mais de duas semanas de vida. Você pode imaginar o meu alívio quando o doutor Hamilton me telefonou, dois dias depois, e falou que tinha localizado um rim na Costa Leste.

Bem, como você pode imaginar, a operação foi um sucesso e me permitiu viver até hoje. O que estou certo de que você não é capaz de imaginar, e que até agora ninguém sabia, é que o rim que Hamilton descobriu era o dele.

Só existe no mundo uma maneira de explicar uma coisa dessas. Ela se chama amizade.

Sentei-me na minha velha poltrona de couro e tentei recobrar o fôlego. Pensei em tudo o que representava doar a alguém um dos meus rins e na emoção de ter um amigo em nível tão profundo a ponto de ser capaz de fazê-lo.

Essa imagem me atormentava. Estava justamente me perguntando se haveria alguém assim na minha vida, quando o telefone tocou. Como eu dera uma ordem à telefonista, tive certeza de quem se tratava. Ao levantar o fone e dizer "Alô, Marie", tomei plena consciência de que tinha alguém assim na minha vida, e minha mulher, por sua vez, tinha a mim. Eu poderia continuar pensando na Dádiva dos Amigos, mas sabia que primeiramente e acima de tudo eu seria sempre grato pelo fato de ter encontrado minha melhor amiga e tê-la pedido em casamento.

*

O mês se arrastou, mas finalmente eu me vi mais uma vez no tribunal para tratar do Caso.

Enquanto pedia silêncio na sala, não conseguia tirar os olhos de Theodore J. Hamilton. A história que Red Stevens contara não me saía da cabeça. Eu sempre tinha considerado Theodore J. Hamilton um profissional incomparável. Agora sabia que Hamilton também fora um amigo incomparável. Quando ele me olhou de volta, de algum modo tive certeza de que ele sabia que eu estava a par da sua Dádiva de Amizade para Red Stevens. Fiz um movimento de cabeça para cumprimentá-lo e ele sorriu, piscando um olho para mim.

Fiz sinal para que começasse. Jason ocupou seu lugar habitual no banco das testemunhas e Theodore J. Hamilton perguntou:

– Jason, no mês que passou, você teve a oportunidade de explorar e comprovar sua capacidade não apenas de compreender a amizade, mas de repartir essa dádiva com outras pessoas?

Jason fez que sim com a cabeça e Hamilton pediu:

– Por favor, divida essa sua experiência conosco.

Jason limpou a garganta e começou:

– Quando saí daqui no mês passado, não estava muito seguro sobre o que fazer, já que o doutor Dudly parece não considerar como amigas as pessoas que sabem que você tem dinheiro. Em função da cobertura da mídia por conta do julgamento, todo mundo me conhece. Aí me lembrei de um rapaz que encontrei no ano passado, chamado David Reese. Ele é cego. Eu o conheci quando estava aprendendo sobre a Dádiva do Riso. Soube que David lecionava numa escola para cegos num subúrbio da cidade. Liguei para ele. David me contou que estava dando uma espécie de aula de iniciação para pessoas que tinham ficado cegas recentemente ou acabavam de ingressar na escola. Eu disse que estava procurando um grupo com quem debater a Dádiva dos Amigos e ele achou que esse podia ser um tema bem interessante para suas aulas.

Jason olhou na direção de Hamilton, buscando aprovação, mas Hamilton estava revendo suas anotações. A senhora Hastings, sentada ao lado de Hamilton, sorriu angelicalmente para Jason, que prosseguiu mais confiante.

– Bem, eu achei que, como todos eram cegos, não teriam me visto na televisão e não saberiam quem eu era. Assim, fui para a aula e, depois que David me apresentou, contei a aproximadamente 25 deficientes visuais que eu não conseguia me imaginar fazendo aquela adaptação e que tinha muito respeito por seus esforços. Também lhes disse que achava que, se eu tivesse que passar por algo parecido com o que eles estavam passando, gostaria e sentiria necessidade de ter amigos ao meu lado.

Jason fez uma pausa, olhou para a galeria e, então, prosseguiu:

– Todos concordaram, mas alguns disseram que, depois que ficaram cegos, perderam boa parte dos amigos. Achavam que provavelmente as pessoas ficavam pouco à vontade e não sabiam como reagir em relação a eles. Conversamos muito sobre o que esperávamos dos amigos e o que cada um achava que tinha a oferecer. Naquele dia, estabeleci uma relação com várias pessoas que, espero, serão minhas amigas no futuro.

Jason olhou para mim e continuou:

– Uma coisa que nós descobrimos foi que, para ter um amigo, você tem que ser amigo. Fiquei imaginando como aquelas pessoas poderiam entrar em contato com outras e se tornar amigas delas. Então me lembrei de uma casa de repouso para idosos que eu tinha visto quando estava a caminho da escola e disse ao grupo que ali deveria haver dezenas de pessoas que ficariam muito agradecidas e contentes por receber um telefonema. Alguns deles seriam apenas uma demonstração de afeto, mas outros poderiam frutificar em amizade.

Jason tirou do bolso interno do paletó um maço de folhas de papel dobradas. Olhou para mim de forma interrogativa e prosseguiu:

– Meritíssimo, não sei bem a quem entregar isso. Trata-se de uma lista de pessoas que vêm dando telefonemas regulares para os idosos e uma série de cartas dos velhinhos contando como essas novas amizades contribuíram para fazê-los mais felizes.

Segui a direção do olhar de Jason e observei a senhora Hastings retribuindo-lhe o olhar com lágrimas nos olhos. Depois Jason esticou o maço de folhas, como se perguntasse de novo a quem entregá-lo.

Dudly interveio:

– Eu fico com isso e tenho algumas perguntas a fazer.

Folheando rapidamente as páginas, Dudly disse:

– Jason, permita-me tentar organizar os fatos. Para conseguir amigos, você foi a uma escola para cegos e a uma casa geriátrica. Concorda que esses não são os lugares mais convencionais para se fazer amizades?

Jason encolheu os ombros e respondeu:

– Não sei. Fui à escola para cegos querendo encontrar gente que ainda não tivesse me visto na TV ou nos jornais. Achei que ali eu não seria reconhecido e poderia ficar anônimo.

Dudly deu uma risadinha e perguntou:

– Será que você não foi mesmo reconhecido? Ou será que você ou seu amigo David deixaram que aquelas pessoas soubessem da sua pretensão de obter o controle de bilhões de dólares, privando meus clientes da herança a que têm direito?

Olhei ao redor, já prevendo a objeção de Hamilton, mas ele se limitou a sorrir e a abanar a mão desdenhosamente.

Jason respondeu:

– Eu não lhes disse quem eu era, mas eles acabaram descobrindo.

Dudly apertou o cerco:

– E como foi que se deu essa invasão da sua privacidade? Eu suplico que nos revele.

– Foi depois da aula, quando estávamos organizando as ligações telefônicas para os idosos. David e alguns alunos riram de mim, dizendo como era ridículo pensar que eles não reconheceriam a minha voz, que tinham ouvido tantas vezes na televisão ou no rádio. Todos logo souberam quem eu era e me perguntaram a respeito do Caso.

Dudly continuou na mesma trilha, perguntando:

– O que exatamente eles quiseram saber?

Jason balançou a cabeça e murmurou:

– Ah, nada de muito específico.

Dudly ficou zangado e perguntou, sério:

– Meu rapaz, você está sob juramento. O que especificamente eles quiseram saber de você?

Jason respondeu ingenuamente:

– Quiseram saber se o senhor de fato trabalha para uma firma de nome Dudly, Cheetham & Leech.

As risadas foram ouvidas por toda a sala do tribunal e eu bati o martelo exigindo silêncio.

Dudly recobrou um pouco da sua dignidade e mudou o curso do interrogatório:

– Senhor Stevens, qual foi exatamente a receita em que o senhor se baseou na escola para cegos ou na casa de repouso capaz de levar este tribunal a reconhecer sua capacidade de encontrar ou de fazer amigos?

Jason ergueu os olhos para mim, depois voltou-os novamente para o doutor Dudly e respondeu:

– Eu não tenho como garantir nada a ninguém. Amizade e amigos são dádivas que recebemos. A única coisa que podemos fazer é plantar as sementes e ajudar outros a plantá-las. Depois, com um pouco de sorte, uma amizade brotará e florescerá, dando sementes para novas amizades no futuro.

Dudly ficou mudo olhando para Jason.

Decidi romper o silêncio, dirigindo-me a Dudly:

– Mais alguma pergunta, doutor?

Dudly balançou a cabeça e retornou à sua mesa. Sorri para Jason e lhe disse que estava dispensado.

Então olhei para o doutor Hamilton, enquanto sentenciava:

– Creio que aqui, hoje, todos aprendemos algo a respeito da amizade. Este tribunal deseja agradecer a Jason Stevens por essa lição e parabenizá-lo não só por se revelar amigo, como também por ajudar outras pessoas a se tornarem amigas. Eu gostaria de estimular todos aqui presentes a refletir sobre essas questões. O tribunal estará em recesso até as 10 horas da próxima segunda-feira.

SEIS

A vida e a dádiva do aprendizado

Aprender é o que acende a vela que ilumina nossos sonhos em meio à escuridão.

Foi um fim de semana abençoado. Há fins de semana que não passam de parênteses banais entre os dias de trabalho e há outros que são o remédio de que as almas sobrecarregadas necessitam.

Marie me contou, na sexta-feira à noite, enquanto jantávamos num dos nossos restaurantes preferidos, que tinha programado algumas atividades familiares para o nosso fim de semana. A expressão "atividades familiares" bem poderia se traduzir por afazeres domésticos. Minhas atividades familiares consistiam, entre outras coisas, em varrer as folhas do jardim, limpar a calha e tentar arrumar a garagem para abrigar dois carros no inverno.

Marie e eu desfrutamos um jantar delicioso, relembrando os velhos tempos e planejando nossas próximas viagens e comemorações de férias. Sempre fico admirado e agradecido pelo fato de, após 50 anos de convívio, não termos ainda esgotado nossos assuntos de conversas. Na verdade, o tempo, em vez de exaurir as possibilidades de troca, nos abriu novas perspectivas que sempre podemos explorar juntos.

Acho que tentamos evitar falar sobre o Caso, mas foi simplesmente impossível. Marie perguntou:

– Por que você acha que a família não consegue se satisfazer com as centenas de milhões de dólares que recebeu? Por que eles precisam ir atrás dos bilhões do fundo beneficente que Jason foi encarregado de administrar?

Pensei por um instante e tentei uma possível explicação.

– Depois de ver passar por aquele tribunal milhares de pessoas, brigando por causa de dinheiro, propriedades e uma infinidade de bens materiais, cheguei à conclusão de que os seres humanos estão sofrendo de uma doença incontrolável chamada "mais e mais". Parece que se trata de uma verdadeira epidemia. Quem não tem nada quer um pouquinho. Quem tem um pouquinho quer um montão. Quem tem um montão quer tudo. E quem tem tudo quer mais. Não tem fim. Uma pessoa que antes estava satisfeita e bem resolvida, ao saber que outros ganharam algo, de repente já não acha suficiente o que tem. Quer ainda mais.

Marie franziu o cenho e balançou a cabeça. Depois comentou:

– Pena que os filhos dessa gente não possam viajar, como você e eu temos feito, para verem a miséria em que a maior parte do mundo vive.

Concordei com a cabeça, pensando em toda a pobreza de cortar o coração que eu já presenciara. E disse:

– Não acredito nisso. Tenho certeza de que algumas das pessoas mais ricas que já conheci passariam apressadas por cima de alguém que estivesse dormindo ao relento, para irem em busca da oportunidade de ganhar outro milhão.

Marie sorveu o café e disse:

– É triste, porque você está numa sala cheia de membros da família Stevens, todos ricos o suficiente para viver no luxo por centenas de anos. Mas a ganância pode levá-los a acabar sem um tostão.

Eu ri ao pensar nessa possibilidade.

– É uma gente que nunca aprendeu a viver sem dinheiro. Ser pobre é uma condição que precisa ser aprendida e cultivada.

Marie também riu:

– Meritíssimo, eu me lembro muito bem daquela época. A faculdade de Direito não era barata e nós dois aprendemos a dormir num colchão no chão e a comer o que estivesse em promoção. Eu não gostaria de passar de novo por aquilo.

– Concordo, mas foi naquela época que vivemos alguns dos nossos melhores momentos e aprendemos que, se fosse preciso, seríamos capazes de sobreviver com muito pouco – respondi. – A família Stevens não tem ideia do que seja isso. Existe uma realidade à qual nunca se viram expostos.

Chegou a sobremesa e passamos a falar dos netos e do nosso jardim.

Quando saíamos do restaurante de braços dados, comentei:

– Eu estava precisando tanto disso!

– A comida estava ótima – disse Marie.

Parei, olhei fixamente para aqueles olhos que, embora me fossem tão familiares, eram ainda fascinantes, e corrigi:

– Não estou falando da comida.

*

Quando subi à tribuna e tomei meu assento, percebi que estava com as costas meio doloridas. Era o resultado, sem dúvida, do tempo que passara varrendo folhas, trabalho também conhecido como "atividades familiares".

Bati meu martelo pedindo silêncio, fiz uma saudação com a cabeça em direção à sala totalmente apinhada e anunciei:

– Hoje trataremos da questão da Dádiva do Aprendizado. Quero lembrar a todos da gravidade deste caso e de que ele se constitui numa matéria que, diferentemente da maioria das causas patrimoniais, não será solucionada em um ou dois dias. Este caso será examinado periodicamente durante um ano inteiro, com sérias consequências para as partes envolvidas.

Fiz uma pausa e olhei para o lado da sala onde estava o clã dos Stevens.

– Se a família Stevens, aqui representada pelo doutor Dudly, for bem-sucedida em sua tentativa de anular o testamento de Red Stevens e os recursos adjudicados à Dádiva Mais Preciosa, dividirá entre seus membros os bilhões de dólares que se encontram atualmente bloqueados no fundo Red Stevens.

Olhei para o doutor Hamilton, Jason, sua noiva, Alexia, a assistente de Hamilton, doutora Hastings, e para o sempre presente Jeffrey Watkins e fiz saber:

– Por outro lado, se o senhor Jason Stevens, aqui representado por Theodore J. Hamilton, for bem-sucedido na defesa do testamento de Red Stevens, inclusive dos recursos relativos à Dádiva Mais Preciosa, o fundo beneficente permanecerá sob controle único de Jason Stevens, e a família Stevens, por contestar o testamento, se verá privada de todos os bens que herdou, sendo esses bens acrescentados ao fundo beneficente.

Todos mantinham os olhos em mim, então concluí:

– Embora este caso seja muito pouco ortodoxo, e por isso mesmo eu tenha sido extremamente liberal na apresentação e na demonstração das provas, devo advertir os senhores advogados e todos os presentes de que os procedimentos deste tribunal são muito sérios e que espero que todos se comportem com a devida seriedade.

Percorri solenemente a sala com os olhos e em seguida fixei-os em Hamilton.

– Doutor Hamilton, solicito que o senhor e seu cliente demonstrem perante esta corte que Jason Stevens efetivamente faz jus aos recursos da Dádiva Mais Preciosa, tal como previsto por Red Stevens no tocante à Dádiva do Aprendizado.

Theodore J. Hamilton, obediente à minha orientação no sentido de tratar o caso dentro dos procedimentos formais do tribunal, se empertigou todo e entoou:

– Meritíssimo, chamamos Jason Stevens para testemunhar.

Jason se ergueu da cadeira, deu a volta na mesa dos advogados e tomou seu lugar. Lembrei a todos que Jason Stevens continuava sob o juramento que fizera anteriormente como testemunha.

Hamilton começou:

– Jason, como parte da Dádiva do Aprendizado de seu avô, você viajou à América do Sul.

Jason fez que sim com a cabeça e Hamilton o incentivou a contar as experiências que vivera nessa viagem.

– Fui a um povoado bem remoto, onde meu avô fundou uma biblioteca pública – começou Jason. – Ali trabalhei na catalogação e organização dos livros.

– O que você descobriu a respeito da Dádiva do Aprendizado durante o desempenho de suas atividades na biblioteca? – Hamilton quis saber.

Jason fez uma pausa para refletir antes de continuar:

– Em primeiro lugar, aprendi que as pessoas da região têm fome de aprender. Elas não têm acesso a escolas, livros e computadores como nós. Fiquei impressionado quando fui pela primeira vez à biblioteca e soube que quase todos os livros estavam nas mãos dos leitores. A bibliotecária me disse que eles eram distribuídos a povoados vizinhos, abrangendo uma área de muitos quilômetros.

Hamilton fez nova pergunta:

– É verdade que você foi sequestrado por traficantes de drogas nessa viagem à América do Sul?

Jason confirmou:

– É verdade. Foi a experiência mais assustadora da minha vida. Achei realmente que seria morto a qualquer momento.

– Você obteve algum conhecimento sobre a Dádiva do Aprendizado enquanto esteve preso? – perguntou Hamilton.

Jason assentiu com a cabeça e contou:

– Quando estava no cativeiro, de vez em quando outros reféns me passavam páginas de um livro. Eram textos em espanhol e levei bastante tempo para decifrá-los. Então passei a esperar ansiosamente a chegada daquelas páginas, pois elas pareciam ser a tábua de salvação que me levaria ao mundo exterior e a única esperança de me ver livre novamente. Aprendi para sempre o valor de uma única página de livro.

Hamilton inclinou de leve a cabeça, como se estivesse plenamente satisfeito, e comunicou:

– É tudo, Meritíssimo.

Theodore J. Hamilton retornou ao seu posto costumeiro na ponta da mesa dos advogados. Olhei para o doutor Dudly, dando-lhe a palavra.

Ele começou sua argumentação:

– Sim, Meritíssimo, temos inúmeras linhas de questionamento no tocante à aventura na selva, ou melhor, à experiência de aprendizagem que Jason Stevens teve.

Aguardei o protesto de Hamilton, mas ele se limitou a sorrir para mim, balançando a cabeça como se aquilo não tivesse a menor importância.

Dudly prosseguiu:

– Senhor Stevens, é verdade que o senhor foi reprovado e acabou expulso por razões disciplinares de... – Dudly consultou uma pasta de arquivo e continuou – ... nove diferentes escolas do ensino médio, antes de supostamente se formar na faculdade?

Jason deu de ombros e respondeu:

– Não sei o número exato, mas provavelmente é verdade.

– Senhor Stevens – prosseguiu Dudly –, parece-me que o senhor teve o privilégio de frequentar algumas das melhores escolas particulares do país. Como é que, com todas essas vantagens, não conseguiu se sair minimamente bem e em muitos casos acabou sendo expulso por motivos disciplinares?

Jason limpou a garganta e falou:

– Bem, acho que se pode dizer que eu não tinha muita motivação nos meus tempos de estudante.

Dudly olhou fixamente para Jason, retrucando:

– Eu acho que esta é uma simplificação grosseira, mas vamos em frente, porque essa história parece ser ainda mais fascinante.

Dudly perambulou pela sala do tribunal, num ímpeto crescente.

– Aparentemente, o senhor, graças às generosas contribuições de seu avô, frequentou várias universidades de elite e de algum modo saiu com um título acadêmico modesto e suspeito, fruto talvez das doações consideráveis de sua família aos cofres daquelas instituições. Mais uma vez: parece que o senhor não ia às aulas, e, quando aparecia, suas notas não alcançavam sequer o grau deficiente.

Ele olhou para Jason, esperou que suas palavras surtissem efeito e perguntou:

– Está correto?

Jason relutou um pouco, mas admitiu:

– Está.

Dudly continuou vagueando pela sala do tribunal.

– Agora vamos concentrar nossa atenção nessa sua breve viagem à América do Sul. O senhor tinha algum conhecimento sobre a cultura, os costumes ou mesmo a língua da população atendida pela Biblioteca Red Stevens na América do Sul?

Jason balançou a cabeça e confessou:

– Não. Nunca tinha ouvido falar. Não sabia nada a respeito, nem sabia falar a língua.

– Então – prosseguiu Dudly – devemos entender que o senhor trabalhou numa biblioteca e de alguma forma organizou livros escritos num idioma que nem era capaz de ler.

– Sim – respondeu Jason, acenando com a cabeça.

Dudly foi num crescendo:

– Não vamos tocar no assunto do seu suposto sequestro e confinamento ou da papelada que possa ter recebido na prisão. Seria absurdo colocar qualquer dessas atividades no âmbito da Dádiva do Aprendizado.

Hamilton interveio automaticamente:

– Meritíssimo, protesto. Se o advogado não vai tocar no assunto, por favor, peça-lhe para reservar seu discurso para quem possa se interessar por ele.

Olhei para o doutor Dudly e disse:

– Protesto aceito. Doutor Dudly, por favor, limite-se a interrogar a testemunha.

Dudly disfarçou e prosseguiu:

– Meritíssimo, não temos mais perguntas para a testemunha, já que nada do que o senhor Jason Stevens fez e disse aqui hoje pode servir minimamente para demonstrar sua compreensão da Dádiva do Aprendizado, muito menos que ele se encontra capacitado e preparado para transmitir tal aprendizado a outras pessoas.

Dudly voltou ao seu lugar. Os dois renomados advogados e todos na sala do tribunal olhavam para mim com enorme ansiedade. Eu podia sentir a tensão aumentando.

As palavras do velho juiz Eldridge me vieram de novo à cabeça. "Nunca tome uma decisão enquanto não tiver que fazê-lo."

Meu olhar se voltou para o gigantesco relógio na parede dos fundos da sala do tribunal:

– Já vai dar meio-dia. Este tribunal fará um recesso até as 14 horas.

Bati meu martelo e tratei de me refugiar na sanidade do meu gabinete.

*

Quando o rosto de Red Stevens surgiu na tela do vídeo, tive esperança de que ele me trouxesse algumas respostas sobre a Dádiva do Aprendizado.

Como você sabe, Jason, eu nunca tive a chance de receber uma educação formal. Infelizmente, percebo que de algum modo essa faculdade metida a besta para onde o mandamos não passa de um playground para riquinhos desocupados.

Agora, antes que você se sinta magoado, quero que saiba que respeito mesmo essas universidades, assim como qualquer espécie de educação formal. Apenas afirmo que isso não tinha nada a ver com a minha vida. O que tinha a ver com a minha vida era, sim, uma curiosidade e um desejo constantes de aprender tudo o que pudesse sobre as pessoas e o mundo à minha volta. Não pude continuar indo à escola por muito tempo depois de ter aprendido a ler. No entanto a capacidade de ler, pensar e observar fez de mim um homem relativamente bem-educado.

Mas aprender é um processo. Não dá para alguém simplesmente ficar sentado numa sala de aula e um dia, de repente, sair dela com um canudo nas mãos, considerando-se dono da verdade. Acho que é por isso que dizem que a formatura é só o começo, porque o processo de aprendizagem se inicia justamente aí. O aprendizado que passou apenas forneceu a base e as ferramentas para as verdadeiras lições que virão.

Em última análise, Jason, a vida – quando bem vivida – é o nosso grande mestre. Minha riqueza e meu sucesso privaram você disso e este é o melhor investimento que posso fazer para reparar os danos.

*

Às duas em ponto, ao reingressar na sala do tribunal, não pude deixar de notar que o clã dos Stevens se achava todo presente. Parecia haver uma enorme expectativa naquele lado do corredor. Dudly estava radiante.

Bati meu martelo e anunciei:

– A corte está novamente em sessão. No referente à Dádiva do Aprendizado, julgo que o doutor Dudly tem razão ao afirmar que Jason Stevens não demonstrou aptidão mínima no tocante ao ensino convencional, nem impulso formal de aprender.

Uma discreta explosão de aplausos se fez ouvir, vinda da família Stevens. Olhei fixamente para eles até que o silêncio se restabelecesse.

– Entretanto... – continuei e ouvi um lamento equivalente brotar do lado de Dudly – ... Howard "Red" Stevens tinha ideias pouco convencionais em relação à Dádiva do Aprendizado. Ele considerava a educação um processo para toda a vida, não uma atividade ou um compromisso passageiros. É assim que este tribunal entende que Jason Stevens assimilou a Dádiva do Aprendizado. Durante os próximos 30 dias ele terá oportunidade de demonstrar ser capaz de beneficiar outras pessoas com essa dádiva que recebeu do avô. A corte fica suspensa. E esta matéria será retomada daqui a 30 dias.

Bati meu martelo.

*

Passaram-se 30 dias. Jason Stevens se achava mais uma vez no banco das testemunhas quando Theodore J. Hamilton se aproximou.

– Jason, durante o último mês, você teve a oportunidade de transmitir a outros a Dádiva do Aprendizado, tal como seu avô fez com você?

Jason assentiu com a cabeça e Hamilton fez um gesto para que ele falasse.

– Eu me esforcei muito para tentar entender como meu avô transmitiria a Dádiva do Aprendizado. E então resolvi dar uma volta pelo parque municipal Howard "Red" Stevens, onde me sinto mais perto dele.

Jason olhou timidamente para o doutor Watkins, sentado ao lado da doutora Hastings na mesa dos advogados. Com movimentos de cabeça, ambos o encorajaram a prosseguir.

– Enquanto caminhava pelo parque, notei em um canto, brincando, um grupo de meninos de 10 ou 12 anos, o que me espantou muito, porque era um dia escolar normal. Fui até eles e perguntei por que não estavam no colégio. Eles me confessaram que não davam a mínima para a escola, pois achavam que não havia nada de importante a aprender lá. Perguntei-lhes qual era a instituição que frequentavam e o nome do professor deles. Fui até a escola, esperei a aula terminar e procurei o professor.

Jason afrouxou levemente o nó da gravata e se ajeitou na cadeira. Ergueu os olhos para mim rapidamente e prosseguiu.

– Era uma dessas escolas típicas de periferia, caindo aos pedaços, onde a impressão que se tem é que gastam mais dinheiro com a vigilância armada do que com o ensino. O professor era um jovem mais ou menos da minha idade, chamado Tom. Ele passara a vida inteira se preparando para ser professor e parecia ser muito dedicado a seus alunos, mas me confessou que a maioria dos pais não se envolvia com a escola e que as crianças não viam nas aulas nada que pudesse ser útil para o mundo que conheciam. Então perguntei-lhe o que essas crianças estavam estudando. Tom me disse que elas estavam aprendendo frações, geometria, economia básica e que os alunos deveriam preparar um projeto para uma feira de ciências. Combinei tudo com Tom e montamos a Escola dos Sábados. Ela oferece aulas suplementares aos sábados num parque próximo.

O doutor Hamilton fez um sinal com a cabeça, como se aprovasse os progressos de Jason, e perguntou:

– E como vai indo essa sua Escola dos Sábados?

Jason sorriu orgulhoso e contou:

– Bom, faz quatro semanas que estamos tendo aulas. Para frequentar a Escola dos Sábados, o aluno precisa apresentar a carteirinha da biblioteca e um bilhete do professor atestando que ele compareceu às aulas todos os dias da semana anterior. Convidamos alunos das escolas da vizinhança e crianças mais velhas da creche cooperativa de mães solteiras.

Jason fez uma pausa para ordenar os pensamentos e prosseguiu, enumerando discretamente as atividades de cada semana:

– Na primeira semana, consegui o comparecimento de todas as crianças quando anunciei que o técnico do time de beisebol da liga local iria à nossa escola naquele sábado. Ele falou sobre percentual de acertos no jogo e Tom complementou o assunto para fazer as crianças começarem a compreender, de forma divertida e concreta, o que eram porcentagens e frações. No fim, ele distribuiu figurinhas de beisebol a todos os alunos matriculados. Na segunda semana, nós nos reunimos na quadra de basquete do parque e o melhor jogador da equipe local veio nos ajudar a ensinar geometria. Ele arremessou a bola de todos os lados da quadra, usando a tabela para demonstrar os diversos ângulos e suas variações, de acordo com o lugar de onde ele arremessava. Na terceira semana, tivemos aula de economia. Um empresário, que foi aluno da mesma escola das crianças há 30 anos e que ficou milionário por seus próprios méritos, chegou de limusine para explicar por que era importante entender de negócios e finanças. Todas as crianças passearam na limusine. Tom me disse que agora elas estão realmente interessadas em economia básica.

Ele fez uma pausa, olhou para a galeria e então prosseguiu:

– Na semana passada, consegui que um piloto de stock car levasse ao parque seu carro de corrida. Ele mostrou como funciona um motor de alto desempenho. Explicou que ninguém pode se tornar piloto ou ter o domínio de máquinas sem ter um conhecimento básico de ciência. As crianças ficaram muito motivadas a realizar seus projetos na feira de ciências. O fato é que as coisas estão indo bem melhor na escola.

Olhei para Hamilton:

– Mais alguma pergunta, doutor?

Hamilton abriu um largo sorriso e respondeu:

– Meritíssimo, creio que é mais do que suficiente.

Dudly se levantou e falou:

– Meritíssimo, temos uma série de questões relativas a toda essa situação.

Suspirei e respondi:

– Pois coloque-as, por favor.

Dudly pareceu não se intimidar e se aproximou de Jason.

– Senhor Stevens, o senhor possui diploma de professor deste estado ou de alguma outra jurisdição?

Jason balançou a cabeça, parecendo confuso, e respondeu:

– Não.

– Por acaso os seus jogadores de beisebol e basquete, seu empresário e seu piloto de corridas possuem diplomas de professor ou alguma habilitação que este tribunal possa reconhecer?

Jason encolheu os ombros e disse:

– Não sei, mas duvido.

Dudly continuou:

– Esse professor a que o senhor se refere, de nome Tom, tem permissão da direção da escola para dar aulas oficiais nesse... como direi?... parque municipal?

Jason encolheu novamente os ombros e respondeu:

– Não tenho certeza. O que eu fiz foi juntar crianças, que precisam de uma nova maneira de aprender para se sentirem motivadas, com algumas pessoas bem-sucedidas que se dispuseram voluntariamente a ajudar.

Dudly fez um gesto grandiloquente, dirigindo-se a todos na sala do tribunal:

– Bem, evidentemente eu não considero nada disso educativo, nem algo que sequer se aproxime da Dádiva do Aprendizado.

– Mas eu considero – sentenciei. – Doutor, mais alguma questão sobre a matéria?

Dudly pareceu murchar e se limitou a balançar a cabeça, derrotado.

Concluí:

– Então essa matéria está decidida. O tribunal voltará a se reunir amanhã às 10 horas para tratar da Dádiva dos Problemas.

SETE
A vida e a dádiva dos problemas

Problemas futuros são encarados como obstáculos, ao passo que problemas do passado são vistos como bênçãos.

Enquanto meu gabinete na sede do tribunal, com exceção da minha poltrona de couro, foi projetado por pessoas desejosas de impressionar os demais, meu escritório de casa foi concebido por mim para agradar somente a mim mesmo. As fotografias nos porta-retratos servem unicamente para me ajudar a lembrar de épocas, lugares e pessoas apenas do meu interesse. São, sem dúvida, registros fotográficos da minha vida.

Minha mesa de trabalho é imensa, mas, ao contrário da que tenho no tribunal, é bem funcional. Cada centímetro de sua superfície está coberto pelo que dá a impressão de serem escombros caóticos. Mas, na realidade, eu sei onde está cada coisa e sou capaz de pegá-la na hora que quiser. O fato de que a aparente bagunça confundiria outra pessoa, de certa forma, me conforta.

Há uma grande quantidade de livros de Direito bastante surrados, dividindo espaço nas estantes com obras sobre os temas mais variados, desde golfe e pesca até romances dos mais diversos estilos. Rex, meu labrador, encontrou seu lugar aconchegante e familiar no velho tapete defronte à lareira. Assim como eu, ele não quer saber de mais nada durante o tempo que passa no escritório, a não ser ficar sozinho e ver tudo conservado exatamente do jeito que está.

Rex e eu nos preparávamos para assistir a uma partida de futebol americano no grande aparelho de TV. Não era uma partida qualquer, mas o nosso time, o time da casa, enfrentando o rival, o diabo em pessoa. Eu estava vestido com o uniforme do meu time e tinha um lanchinho à minha frente.

O uniforme tem sido objeto de inúmeras discussões com minha querida Marie, já que está mais velho do que o mais velho dos jogadores da Liga. Aproximadamente há uma década, Marie me comunicou que meu uniforme seria doado a algum bazar beneficente. Mais recentemente, ela abaixou o nível da discussão ao revelar sua intenção de jogá-lo na cesta de trapos destinados à lavagem dos carros.

Como o uniforme só é usado no meu escritório, onde tenho jurisdição suprema, ela cedeu. A decisão de Marie estabelece que ele jamais poderá ser usado além das quatro paredes do escritório, principalmente se tivermos visita em casa.

Como eu não pretendia ir a lugar algum nem ver ninguém, o uniforme era aceitável. Perguntei a Rex, o Cão Maravilha, se ele tinha algo contra. Não havendo manifestação em contrário, deduzi que estávamos de acordo.

Sintonizei no canal, aguardando o início do jogo. De repente, a transmissão foi interrompida para uma notícia de última hora.

Lá estava ela, ao lado de L. Myron Dudly: Sarah Stevens, mãe de Jason e uma das litigantes na questão da herança de Red Stevens.

A repórter perguntava a Sarah:

– Por que a senhora está contra seu próprio filho nesse processo?

Ela sorriu para as câmeras e falou como se estivesse comentando alguma festa maravilhosa ou um acessório de moda.

– Jason é um bom menino. Só está um pouco confuso. Não se trata verdadeiramente de uma briga. Apenas queremos esclarecer alguns aspectos legais desagradáveis e incômodos.

– A senhora não acha – continuou a repórter – que Jason deveria ter permissão de empregar o dinheiro do seu sogro, como Red Stevens pretendia, através do fundo beneficente?

Sarah deu uma risadinha e comentou:

– Bom, caridade é ótimo, mas esse dinheiro que meu sogro deixou foi ganho com muito suor e deveria ficar para seus filhos. Além do mais, nós já fazemos muitas ações de caridade.

– Quanto a senhora destina à caridade? – quis saber a repórter.

Sarah pareceu confusa. Dudly sussurrou alguma coisa como se quisesse impedi-la de falar, mas Sarah respondeu:

– Bem, o que eu sei é que ajudo muita gente. Só na semana passada doei uma mala cheia de roupas e nós sempre adquirimos ingressos para a ópera, para o beisebol, para o balé e..., bem, sabe como é, todas essas coisas beneficentes.

A repórter perguntou:

– A senhora está sempre em contato com seu filho Jason?

Sarah sorriu e disse:

– Bem, nós nunca tivemos uma comunicação muito intensa. Continua igual.

Quando a repórter começava a agradecer a Sarah Stevens e devolvia o comando ao âncora, Dudly a interrompeu:

– Creio que minha cliente respondeu a todas as perguntas que deveria. Não temos mais o que comentar a respeito desse assunto.

A repórter parecia atônita enquanto a imagem ia escurecendo e o jogo voltava a ocupar a tela.

Fiquei completamente perturbado e já ia pegando o controle remoto para desligar a TV quando percebi que Rex estava de olho grudado na tela, na expectativa. Como eu prometera a semana inteira que nós iríamos assistir ao jogo juntos, joguei-lhe um biscoito e cumpri a promessa.

*

Na manhã seguinte, como de costume, saudei o sol nascente assim que ele se mostrou pela janela do meu gabinete. Inseri a cópia do DVD que Red Stevens tinha feito para Jason, *A Dádiva dos Problemas*.

Estava pensando que o título tinha algo de irônico quando Red Stevens começou a falar.

Jason, a vida é cheia de contradições. Na verdade, quanto mais a gente vive, mais a vida real parece um grande paradoxo. Mas, se você viver bastante e procurar com persistência, descobrirá uma ordem milagrosa na confusão.

Todas as lições que estou tentando lhe ensinar como parte da Dádiva Mais Preciosa que deixei em testamento para você geralmente são aprendidas à medida que vamos passando pela vida, enfrentando dificuldades e problemas. Todo desafio que não nos derrota acaba nos fortalecendo.

Um dos meus maiores equívocos foi proteger tanta gente – você, inclusive – dos problemas da vida. Dessa forma, em vez de promover seu bem-estar, na verdade tolhi sua capacidade de lidar com os problemas, afastando-os de você.

Os seres humanos não vivem em redomas. Um pássaro tem que lutar para romper a casca do ovo e nascer. Uma pessoa bem-intencionada pode quebrar o ovo, liberando o passarinho. Essa pessoa talvez pense que fez um bem, quando, de fato, deixou a ave fragilizada e incapaz de lidar com seu próprio meio. Em vez de ajudá-la, na realidade, a prejudicou. É só uma questão de tempo até que esse pássaro precise lutar por sua sobrevivência. Quando isso acontecer, não terá desenvolvido as habilidades necessárias para fazê-lo.

Se não nos for permitido lidar com os problemas menores, seremos destruídos pelos maiores. Quando nos damos conta disso, passamos a não tentar fugir deles, a encará-los como desafios que irão nos fortalecer para que possamos sair vitoriosos no futuro.

Refletindo sobre essa forma positiva de encarar os problemas e me lembrando de muitas das boas coisas que tinham ocorrido na minha vida, pessoal e profissionalmente, tive que admitir: todas elas vieram acompanhadas de uma série de problemas.

*

A hora chegou. Enverguei minha toga preta de juiz, cruzei a porta de mogno e escalei os três degraus que levavam ao meu estrado no salão do tribunal. Sentei-me e pedi que todos se sentassem. Revi minhas anotações, tirei os óculos de leitura e olhei para a multidão.

Os meses não tinham diminuído o frenesi da mídia nem a curiosidade em torno de Red Stevens e de seu testamento.

Pigarreei e comecei:

– Estamos dando início hoje ao quinto dos 12 requisitos estipulados na herança de Howard "Red" Stevens. Esta sessão enfocará a Dádiva dos Problemas. Convoco o advogado de Jason Stevens, doutor Theodore J. Hamilton, para que nos atualize sobre o disposto na matéria.

Hamilton se levantou com notável agilidade e leveza para um senhor já bem passado dos 80 anos. Ele captou a razão do meu comportamento mais formal e agiu da mesma forma:

– Obrigado, Meritíssimo. Mais uma vez, a matéria que se apresenta a este tribunal consiste em definir e atestar que cada ponto previsto em testamento por Howard "Red" Stevens foi adequadamente atendido e que o legado concedido a Jason Stevens estava, como está, em perfeita ordem.

Quando Hamilton fez uma pausa, Dudly pulou:

– Meritíssimo, o advogado já deveria ter entendido, passadas cinco sessões, que o propósito deste caso é investigar o absurdo legado em forma de fundo beneficente a Jason Stevens e que priva os três filhos e demais herdeiros, descendentes de Red Stevens, de sua legítima herança.

Hamilton riu alto e retrucou:

– Esse pode ser o seu propósito, doutor Dud...

A tosse, agora já bem conhecida, irrompeu. Hamilton se controlou e prosseguiu:

– Mas o meu propósito aqui é bem distinto. Assim sendo, gostaria de pedir ao meu oponente que se ativesse ao seu caso e me permitisse conduzir o meu.

Eu me vi forçado a intervir como se estivesse lidando com dois garotos brigões.

– Doutores, eu entendo perfeitamente por que cada um dos senhores se encontra aqui e as posições das partes que representam. Assim, se não somos capazes de evitar esses monólogos supérfluos, terei que pedir ao doutor Hamilton que prossiga.

Hamilton fez um gesto para Jason ocupar o banco das testemunhas e começou a interrogá-lo.

– Jason, você se recorda do mês que passou, por determinação da última vontade de seu avô, explorando a Dádiva dos Problemas?

Jason respondeu solenemente:

– Sim, senhor, lembro-me bem. Acho que posso dizer com total segurança que foi, ao mesmo tempo, o melhor e o pior período da minha vida.

– Pode explicar isso? – pediu Hamilton.

Jason olhou cautelosamente para sua noiva, Alexia, que estava sentada ao lado da doutora Hastings na mesa dos advogados. A doutora Hastings pousou gentilmente a mão sobre a de Alexia enquanto Jason falava.

– Meu avô disse que eu deveria procurar pessoas que estivessem passando por sérios problemas e que deveria aprender com suas histórias de vida.

Hamilton fez um sinal de compreensão com a cabeça e perguntou:

– E o que você fez?

Jason lutava com a própria emoção ao falar:

– Fui dar uma volta para refletir sobre a Dádiva dos Problemas. Em um parque, vi uma garotinha num balanço embalada pela mãe, que a olhava com uma expressão triste. Aproximei-me delas e descobri que Emily, a menina, sofria de um câncer incurável.

Não consegui deixar de perceber lágrimas no rosto de Alexia enquanto Jason prosseguia.

– Foi ali que conheci Emily e sua mãe, Alexia. – contou Jason, apontando para a noiva. – Eu convivi com elas durante o tempo que restou a Emily.

– Poderia nos ajudar a entender o que você aprendeu com a pequena Emily durante seus últimos meses de vida?

A voz de Jason ficou embargada e as lágrimas começaram a escorrer enquanto ele recordava:

– Emily foi piorando cada vez mais, sem que se pudesse fazer nada. Sei que a doença devia ser dolorosa e terrível para uma garotinha, mas Emily nunca se queixou. Ela me ensinou muito com seus problemas e com seu sofrimento. Primeiro, me ensinou a alegria: que em qualquer circunstância as pessoas podem ser felizes se resolverem ser felizes. Depois, ela me ensinou a coragem. Na verdade, não existe nada pior do que passar uma vida inteira com medo. E, finalmente, me ensinou a amar. Aprendi a amar aquela criança como uma parte especial e inesquecível da minha própria vida. E ela me ensinou a amar sua mãe, deixando para nós dois esse amor tão especial. Eu espero passar o resto da minha vida com Alexia tendo como base as lições que aprendi com Emily e seus problemas.

Hamilton era emotivo e, tocando a mão de Jason, falou:

– Obrigado, meu filho. Sei que não foi fácil contar tudo isso, mas foi importante.

Em seguida pigarreou, olhou para mim e disse:

– Meritíssimo, é o bastante por hoje.

Dudly se levantou para falar e resgatou um pouco da minha crença nos advogados quando disse:

– Meritíssimo, damos como cumpridos os requisitos relativamente a esta matéria.

Fiz um movimento de cabeça em sinal de respeito ao doutor Dudly, algo novo para mim, e disse:

– Obrigado, doutor Dudly. – E, com os olhos marejados, declarei: – O senhor Stevens acaba de provar a este tribunal, sem qualquer sombra de dúvida, que efetivamente vivenciou e aprendeu a Dádiva dos Problemas. Nos próximos 30 dias ele terá a oportunidade de demonstrar que é capaz de utilizar o Fundo Red Stevens para repartir com outras pessoas a compreensão dessa dádiva. Está encerrada a sessão.

Corri para o meu gabinete e dei vazão a uma descarga emocional que não ficaria bem para a imagem de dignidade de um juiz togado se exposta em público. Mas não conseguia deixar de pensar naquela garotinha que muito tinha ensinado, a mim e a todos naquele tribunal, sobre como se deve superar o sofrimento.

*

Um mês depois estávamos de volta a nossos postos. Jason, orientado por Theodore J. Hamilton, relatou suas recentes atividades relacionadas à Dádiva dos Problemas.

– Alexia e eu concluímos que precisávamos ajudar outras pessoas que estavam passando pela mesma experiência.

Jason sorriu para Alexia, que lhe retribuiu. Ele continuou:

– Vimos que um dos maiores problemas que qualquer ser humano pode enfrentar é a perda de um filho. Alexia e eu temos o desejo de apoiar essas pessoas porque acreditamos que elas só podem ser ajudadas por quem viveu o mesmo tipo de tragédia.

A noiva olhava para o rapaz enquanto ele prosseguia:

– Um livro, uma conversa, ou mesmo a dedicação de alguém bem-intencionado que não tenha passado pela situação não resolve. Na verdade, ninguém supera uma perda dessas, jamais. Mas nós acreditamos que, com o auxílio de uma pessoa que se coloque ao seu lado, você pode aprender a conviver com a dor e até mesmo amadurecer.

Hamilton concordou com a cabeça e Jason prosseguiu:

– Alexia e eu percorremos hospitais, abrigos e casas de repouso anunciando que, quando aparecessem ali pais que estivessem vivendo a tragédia da perda de um filho, nós gostaríamos muito de conversar com eles e partilhar nossas experiências. No mês passado nos encontramos com sete famílias que perderam ou estavam perdendo um filho. Visitamos algumas delas mais de uma vez. Talvez essa seja a coisa mais penosa que já fiz até hoje, mas acho que pode ser a melhor coisa que eu continue a fazer em toda a minha vida.

Hamilton aprovou com a cabeça. Depois se virou para mim e disse:

– Meritíssimo, isso é tudo.

Fiz um gesto na direção de Dudly, perguntando:

– Doutor, algo a acrescentar aos procedimentos?

Dudly falou da própria cadeira, por trás da mesa dos advogados:

– Não temos perguntas nem colocações a fazer perante o tribunal.

L. Myron Dudly, sua equipe de advogados e até mesmo a família Stevens, sentada nas primeiras fileiras atrás deles, pareciam tocados. Ninguém na sala do tribunal, eu inclusive, ficou imune ao impacto emocional e à mensagem de nova vida deixada por uma garotinha chamada Emily.

Bati meu martelo e sentenciei:

– Esta matéria está decidida por consenso dos advogados e resolução do tribunal. Amanhã de manhã, às 10 horas, abordaremos a Dádiva da Família.

OITO
A vida e a dádiva da família

Há famílias que se constituem pelo nascimento; outras, por documentos legais. Outras, ainda, são constituídas pelo amor.

Na manhã seguinte, no gabinete, eu me preparei para o que certamente seria um tema muito contestado. O doutor Dudly e sua equipe tinham habilmente evitado entrar em conflito desnecessário no tocante à Dádiva dos Problemas. Mas eu sabia que eles iriam aproveitar a Dádiva da Família para fazer forte pressão sobre o tribunal.

Mantive a mente aberta e livre de qualquer preconceito, como todo juiz deve fazer, mas, ao mesmo tempo, deixei meus pensamentos vagarem pelas possibilidades e querelas potenciais que iria enfrentar.

A família Stevens era única em muitos aspectos e desequilibrada em inúmeros outros. Dinheiro, poder, influência e um eventual status de celebridade rendiam a seus membros inúmeras vantagens, mas também muitas desvantagens.

Não pude deixar de pensar na minha própria família e na vida relativamente simples que levávamos. Tínhamos sido obrigados a viver sem uma série de coisas que eram acessíveis aos ricos e famosos, mas cultivamos uma dedicação e um amor tão profundos que não trocaríamos por toda a riqueza e fama que o mundo tem a oferecer.

Eu me achava de tal forma imerso nesses pensamentos que a hora passou sem que me desse conta. Disse "pode entrar" em resposta a uma batida à porta e Jim, meu meirinho, dali mesmo me chamou:

– Meritíssimo, estão todos à sua espera.

Olhei para o relógio enquanto vestia a toga. Já estava dois minutos atrasado quando me acomodei na cadeira e bati o martelo pedindo silêncio.

– Hoje vamos considerar a Dádiva da Família. Como este caso envolve membros de uma mesma família e tem relação com seu patrimônio, prevejo que os ânimos podem se acirrar. Como sempre, desejo alertar os advogados, clientes e os presentes para o fato de que estamos num tribunal de justiça e que os procedimentos legais deverão obedecer à ordem e ao respeito devidos. Com a palavra o doutor Theodore J. Hamilton.

Hamilton deu a volta à mesa dos advogados e se aproximou de Jason, já devidamente instalado na cadeira das testemunhas:

– Jason, você poderia partilhar conosco o que aprendeu como resultado da lição que seu avô, Howard "Red" Stevens, lhe deu sobre a Dádiva da Família?

Jason assentiu com a cabeça:

– Eu fui à Casa dos Meninos Red Stevens, no Maine, e passei um mês inteiro trabalhando com um grupo de garotos. Alguns tinham famílias problemáticas. Outros sequer tinham família. Levei algum tempo para aprender que aquelas crianças haviam formado uma família ali mesmo, na Casa dos Meninos. Trabalhavam juntos, brincavam juntos e incentivavam uns aos outros de uma forma incrível. Ali aprendi que a família natural não é necessariamente a família ideal que todos nós gostaríamos de ter. Muitas vezes uma família está onde se consegue encontrá-la.

Hamilton fez sinal indicando estar satisfeito e acenou para Dudly:

– A testemunha é sua.

L. Myron Dudly parecia um tubarão feroz sentindo cheiro de sangue. Tanto ele quanto sua equipe e a família Stevens sabiam que se tratava de um dos itens em que eles tinham boa chance de levar a melhor. Essa sensação era alimentada pela consciência de que, se pudessem anular uma só das dádivas de Jason, dividiriam muitos bilhões de dólares. Por outro lado, saber que perderiam tudo se fossem derrotados os apavorava.

Dudly atacou:

– Senhor Stevens, hoje o senhor se acha perante este tribunal aparentemente na expectativa de que acreditemos que entende a Dádiva da Família e que se sente capaz de, com ela, poder auxiliar outras pessoas.

Jason concordou com a cabeça e se limitou a responder que sim.

Dudly prosseguiu:

– Seria difícil imaginar alguém menos qualificado para falar sobre a Dádiva da Família do que o senhor.

– Meritíssimo – trovejou Hamilton –, se o advogado tem uma pergunta, por favor, encoraje-o a fazê-la, ou então que vá se sentar.

Olhei para Dudly e afirmei:

– Deferido. Doutor Dudly, Vossa Excelência tem perguntas para a testemunha?

Dudly aguentou firme:

– Senhor Stevens, o senhor testemunhou perante este tribunal que era tão distante e tinha tanta vergonha de Red Stevens que nem mesmo admitia o fato de que ele era seu avô.

Jason concordou com a cabeça e quase sussurrou:

– É verdade.

Dudly arreganhou os dentes como um tubarão pressentindo a vitória:

– Senhor Stevens, seus próprios familiares – Dudly fez um gesto em direção ao seu lado da sala – se uniram nesta questão contra o senhor. Tiveram que mover um processo legal com o único propósito de proteger os bens de família que deveriam ser legitimamente herdados pelos descendentes diretos de Howard "Red" Stevens.

O senhor não tem a sensação de estar destruindo a família, em vez de demonstrar que compreende a Dádiva da Família?

Jason suspirou, olhou para Hamilton e disse gravemente:

– Não sei como responder a essa pergunta.

Dudly bateu palmas:

– Estou certo de que o senhor não sabe. Eu também não saberia respondê-la.

Dudly caminhou pelo recinto, formulando uma nova pergunta:

– Agora poderia nos contar como, mesmo não mantendo um relacionamento com sua família, o senhor se tornou capaz de perceber a importância da família simplesmente depois de passar umas poucas semanas numa espécie de... acampamento infantil?

Jason corrigiu:

– O nome é Casa dos Meninos.

Dudly ironizou, fazendo uma leve reverência:

– Queira me perdoar. Vamos chamá-la de Casa dos Meninos.

Jason pareceu querer ganhar tempo, ao declarar:

– Lá eu aprendi coisas que dificilmente aprenderia com quem tem uma boa vida familiar. Acho que só sabemos verdadeiramente a importância de alguma coisa quando a perdemos. Sem algumas das lições que recebi de meu avô e na Casa dos Meninos, eu não teria podido começar uma família com Alexia e Emily. O que eu penso sobre isso é que o valor de uma família só pode ser avaliado pelos seus próprios membros.

Dudly esfregou as mãos e concluiu:

– Bem, meu rapaz, neste caso alguém terá que avaliá-lo com relação à família e eu rogo a este tribunal que decida em favor da família Stevens enquanto legítimos herdeiros e parentes diretos de seu amado patriarca, Howard "Red" Stevens.

A matéria estava longe de ser esclarecida e eu também queria ganhar um pouco de tempo e me distanciar das querelas antes de tomar uma decisão. Minha cabeça e a lei que eu tanto prezo pendiam para um lado. Meu coração e minhas emoções pendiam para o outro. Bati meu martelo e anunciei:

– O tribunal está em recesso para o almoço. Retornaremos às 14 horas.

Segui para o meu gabinete, arranquei a toga e peguei o DVD com a etiqueta *A Dádiva da Família*. Ao introduzi-lo no aparelho, rezei para que a mensagem de Red Stevens me desse um mínimo de clareza e orientação. Red se dirigia a Jason:

Agora, Jason, eu vejo que a nossa família é tão complicada quanto qualquer outra e admito ter uma grande parcela de responsabilidade nisso. No entanto, a melhor ou a pior situação familiar sempre pode nos ensinar uma lição. É com nossas famílias que aprendemos o que queremos ou, infelizmente, o que não queremos da vida. Entre todos os jovens desse mundo, eu escolhi você. Pedi ao doutor Hamilton que empreendesse em meu nome essa monumental tarefa para você. É difícil entender por que isso faz sentido, mas quero que você saiba que faz.

A família traça nossas rotas, nosso legado, nosso passado. Também é ela que nos fornece o trampolim para o futuro. Nada nesse mundo é mais forte do que os laços que uma família pode criar. São laços de puro amor, capazes de resistir a quaisquer pressões, contanto que o amor se mantenha na linha de frente.

É importante que você perceba que existem famílias de todo tipo e tamanho. Algumas pessoas abençoadas são capazes de viver integradas às famílias nas quais nasceram. Outras, como você, Jason, por uma série de fatores, ganharam uma família só no nome. Estas precisam partir e formar uma nova família.

Quando me recostei na poltrona refletindo sobre as poderosas palavras de Red Stevens, o interfone da minha mesa tocou. Apertei o botão e escutei a voz sempre hábil e eficiente do meu escrivão, Scott, dizendo:

– Meritíssimo, estamos todos reunidos aqui no auditório para o almoço.

– Já estou indo – respondi, com esperança de que ele não percebesse que eu tinha esquecido.

Hoje era o dia de um almoço que durante muitos anos eu oferecia todos os meses aos meus colegas do tribunal. Corri para o auditório, em geral reservado para juízes e advogados, mas também local dos meus almoços mensais. Sentei à cabeceira da mesa, sob o retrato do meu amigo e estimado mentor, já falecido, o juiz Eldridge. Por muito tempo, sentado naquele lugar, eu tive a sensação de sua presença, pois o juiz Eldridge costumava participar dos meus almoços mensais.

À minha direita estava Paul, meu meirinho. Muita gente considera Paul um gigante. Nunca perguntei qual era sua altura, mas imagino que seja algo perto de 2,10 metros. O fato de ele ser uma figura imponente já nos ajudou inúmeras vezes no tribunal, quando nos deparamos com gente particularmente descontrolada ou potencialmente violenta. Embora saibamos que Paul é incapaz de fazer mal a uma mosca, sua mera presença já nos livrou de algumas situações bastante embaraçosas.

Sentado à direita de Paul estava meu outro meirinho, Jim. Se Paul é imponente e chega a intimidar, Jim é uma presença sempre serena e conciliadora. Parece entender profundamente as pessoas e é capaz de se comunicar bem com todo mundo. Eu me acostumei, ao longo dos anos, a vê-lo dobrar muitos litigantes irritados apenas com um sorriso tranquilo e uma palavra amável.

Do outro lado da mesa, bem à minha esquerda, estava Scott, meu escrivão havia muitos anos. Enquanto nos preparávamos para comer, ele arrumava os vários comprimidos que devia tomar em sua luta permanente contra o câncer. Quando soubemos do diagnóstico de Scott, todos ficamos arrasados. Todos, menos Scott. Ele demonstrou uma dignidade e uma perseverança que sempre me impressionaram muito.

Durante o almoço, a conversa foi passando de nossas famílias para os esportes e chegou à política. Repartíamos muitas emoções e experiências comuns pelo fato de estarmos sempre juntos na permanente linha de tiro que era o tribunal. É difícil de explicar, mas, de certo modo, era como se tivéssemos ido à guerra juntos. Confiávamos uns nos outros e nos compreendíamos num nível profundo e significativo.

Acabada a refeição, enquanto meus três colegas conversavam cordialmente, eu me recostei na cadeira, o juiz Eldridge me observando do alto, e fiquei simplesmente aproveitando a companhia deles.

Quando foi se aproximando o horário da sessão vespertina no tribunal, meus pensamentos se voltaram para Red Stevens e suas palavras sobre a natureza única e maravilhosa da família. Ao me levantar, entendi que bem ali, naquela sala, em torno daquela mesa, nós de certa forma tínhamos constituído nossa própria família.

*

Chegando à sala do tribunal, pedi silêncio e dirigi minhas observações a L. Myron Dudly e à família Stevens.

– Esta corte leva certamente em boa conta os argumentos do advogado da família Stevens e concorda quando ele afirma que Jason Stevens tem pouca, se não nenhuma, experiência no que qualquer um definiria como família tradicional.

Murmúrios de excitação ecoaram daquele lado da sala, com a família já prevendo a vitória.

– Por outro lado, após rever as ideias e crenças de Red Stevens acerca da Dádiva da Família, concluo que, embora inestimável, o bom relacionamento com a família biológica não é imprescindível.

E, olhando para Jason e Hamilton, sentenciei:

– Este tribunal entende que, embora de maneira singular e nada convencional, Jason Stevens demonstrou entendimento da Dádiva da Família tal como definida por Red Stevens. A ele serão concedidos os costumeiros 30 dias para que comprove sua capacidade de transmitir essa dádiva a outras pessoas carentes de tudo o que uma família pode proporcionar.

*

Durante todo o mês seguinte, refleti muito sobre o conceito de família. Senti-me mais agradecido à minha família biológica, mais consciente e grato em relação à família que tinha no trabalho, bem como às pessoas que contribuíam para tornar minha vida tão especial.

Jason estava de novo no banco das testemunhas e Hamilton lhe pedia que explicasse as ações desenvolvidas durante o mês visando ajudar outras pessoas a compreender a Dádiva da Família.

– Pensei muito nas diferentes pessoas que conheço e que necessitam daquilo que uma família pode proporcionar – disse Jason. – Nem todos os meninos da Escola dos Sábados no parque têm boas relações familiares, mas Tom e os outros membros da escola parecem estar começando a desempenhar esse papel. As mães solteiras vêm lutando com dificuldades para ter uma vida familiar estável, mas a creche cooperativa e todas as coisas que estão realizando juntas vêm realmente fazendo uma grande diferença. Assim, resolvi concentrar minha atenção nas sete famílias que perderam ou estavam perdendo seus filhos e que Alexia e eu ajudamos.

A noiva assentiu, incentivando-o.

– Desde o mês passado, fomos procurados por um número bem maior de famílias que estão enfrentando essa terrível situação. Organizamos então uma pequena sessão informal de apoio para que essas famílias pudessem compartilhar as lições aprendidas e encontrar algum conforto. A coisa deu tão certo que vamos transformar a sessão num evento mensal. Muitas famílias que perderam seus filhos há algum tempo agora podem ajudar aquelas que estão apenas começando a enfrentar essa dura realidade. Assim, essas famílias que estão tomadas pelo sofrimento terão um lugar onde se reunir em busca de um meio de tentar preencher o tremendo vazio que a morte de uma criança causa.

Hamilton não tinha mais perguntas e passou a testemunha para Dudly, que perguntou:

– Essas pessoas têm algum tipo de parentesco?

– Não – respondeu Jason. – A única relação entre elas é o fato de terem sofrido a mesma perda.

– Então, na verdade, o senhor possivelmente deu início a um promissor grupo de apoio. Entretanto, por mais louvável que isso seja, como é possível chamar algo assim de família?

Jason fez uma pausa de alguns segundos e então afirmou com toda a convicção:

– Meu avô acreditava, e eu também acredito, que uma verdadeira família é constituída das pessoas que nos oferecem o amor, o apoio e o estímulo que todos desejamos e de que necessitamos.

Dudly dispensou a testemunha e, voltando-se diretamente para mim, antes que eu pudesse dar minha sentença, implorou:

– Meritíssimo, este tribunal deve decidir em favor dos meus clientes neste aspecto legal pertinente à Dádiva da Família, conforme consta do testamento de Red Stevens. Embora bastante louvável, o trabalho desenvolvido pelo senhor Jason Stevens não pode ser definido como de ajuda às pessoas nos termos da Dádiva da Família. Estas pessoas aqui – Dudly apontou para as fileiras atrás de sua mesa – são uma família em todos os sentidos da palavra e merecem ser reconhecidas como tal, tendo restituídos por este tribunal os bens que por direito lhes pertencem.

Agradeci ao doutor Dudly por apresentar essa moção, assenti com a cabeça ao doutor Hamilton e pronunciei minha decisão:

– Este tribunal entende que Jason Stevens não tem se saído muito bem na área que legalmente se define como família ou que o senso comum considera família. Entretanto, esta corte também concorda que seus esforços atendem à definição de família que Red Stevens imaginou para seu neto na Dádiva da Família. Este tribunal decide, pois, em favor de Jason Stevens, entrando em recesso até as 10 horas de amanhã, quando examinaremos a Dádiva do Riso.

NOVE
A vida e a dádiva do riso

É impossível se sentir fracassado, amedrontado ou com raiva quando se está rindo.

Após pronunciar minha decisão sobre a Dádiva da Família, voltei para o gabinete para colocar a papelada em dia. Resolvi ficar ali, no tribunal, esperando a hora do meu encontro para o jantar. Minha relação com Marie continuava tão divertida e excitante como no início, porque adorávamos sair juntos e conversar um com o outro.

Estava quase acabando de dar andamento à pilha enorme de processos e documentos que os funcionários tinham colocado à minha frente quando Marie entrou sorrindo pela porta de mogno. Ela perguntou sobre o meu dia e eu contei tudo a respeito do processo dos Stevens e a Dádiva da Família.

– E o que vai acontecer agora? – perguntou Marie.

Expliquei que na manhã seguinte iríamos examinar a Dádiva do Riso, que Red Stevens planejara para Jason em seu testamento.

Marie se mostrou curiosa e me perguntou como eu sabia exatamente o que Red Stevens pretendia para o neto. Falei dos vídeos que Red tinha gravado para apresentar a Jason as diferentes dádivas depois de sua morte.

– Eu gostaria muito de ver isso – pediu ela.

Pensei por um instante, peguei o DVD com a etiqueta *A Dádiva do Riso* e respondi:

– Bom, vou lhe mostrar. Melhor dizendo, Red Stevens vai lhe mostrar.

Inseri o DVD no aparelho e Red Stevens surgiu. Retornei à minha poltrona, enquanto Marie se acomodava numa cadeira.

Ela olhou para a imagem de Red Stevens congelada na tela e perguntou:

– Ele gravou esses vídeos quanto tempo antes de morrer?

– Pelo que entendi, o último vídeo foi feito só algumas semanas antes – respondi.

Marie pensou alto:

– É realmente muito triste estar tão perto do fim da vida e ter que falar para uma câmera em vez de diretamente com o neto.

Refleti um pouco sobre isso e comentei:

– É triste, mas acredito que Red sabia que era a única maneira que tinha de chegar até Jason.

Finalmente, quando o silêncio se abateu sobre o gabinete, apertei o play e Red começou a partilhar suas ideias e sentimentos.

Este mês você vai aprender sobre a Dádiva do Riso. Essa dádiva que eu quero lhe ensinar não tem nada a ver com shows de humorismo ou com filmes de comédia. Trata-se da capacidade de uma pessoa olhar para si mesma, para seus problemas e para sua vida em geral e simplesmente rir. Muita gente é infeliz porque leva as coisas muito a sério. Espero que você tenha aprendido nos últimos seis meses que existem coisas na vida que são valiosas e devem ser levadas a sério, mas não vale a pena viver sem rir.

Quero que você saia por aí em busca de alguém que, embora esteja passando por dificuldades ou desafios na vida, ainda conserve a capacidade de rir. Quem consegue rir perante a adversidade será feliz a vida inteira.

*

Marie e eu saímos do tribunal de braços dados e atravessamos o parque rumo ao nosso restaurante preferido. Relembramos os velhos tempos, tanto os bons como os maus momentos, e rimos muito de tudo. Algumas das nossas piores fases, financeiramente falando, assim como a vida dura que levamos, agora parecem insignificantes e divertidas. Desfrutamos um maravilhoso jantar e ouvimos música grega, que é uma verdadeira celebração à vida, tocada por um violinista que passava de mesa em mesa.

Já quase no final da noite, pedi licença e fui ao banheiro. Voltei logo e me sentei de novo à mesa. Jamais vou entender como ela fez aquilo, mas, quando Marie tirou da frente do rosto o cardápio de sobremesas, ali, diante de mim, sentada, minha querida mulher exibia um enorme nariz de palhaço de borracha, um bigode falso e uns óculos ridiculamente cômicos.

Ela falou em tom bem solene e formal:

– Meritíssimo, eis aqui, à disposição do seu tribunal, a Dádiva do Riso.

*

Ouvi Paul bradar o costumeiro "todos de pé".

Subi os três degraus tal como já fizera um sem-número de vezes. Sentei na cadeira e bati o martelo, pedindo silêncio. Eu sabia que devia cercar minha condição de juiz de certa pompa e circunstância, mas, como a Dádiva do Riso de Marie ainda estava bem fresca na minha memória, não foi fácil me levar muito a sério.

Cumprimentei o doutor Hamilton e lhe pedi que desse início aos procedimentos. Ele convidou Jason a depor sobre a exigência de Red Stevens de que o neto fosse em busca de alguém que estivesse passando por dificuldades e conseguisse lidar com isso sorrindo. Jason explicou como tinha encontrado o amigo David Reese, um cego que tratava a própria cegueira e tudo o mais em sua vida com muito humor.

O doutor Hamilton dispensou Jason, que deixou o banco de testemunhas. Em seguida, chamou David Reese para testemunhar.

Um jovem simpático, de óculos escuros e bengala branca, se aproximou, confiante. Identificou com a bengala o único degrau que levava ao banco de testemunhas e o galgou lepidamente, instalando--se na cadeira. Meu meirinho, Jim, pediu a ele que pusesse as mãos sobre a Bíblia. David Reese jurou dizer a verdade, somente a verdade, nada mais que a verdade. Então, Theodore J. Hamilton se aproximou e disse:

– Olá, senhor Reese. Obrigado por ter vindo hoje aqui.

David Reese sorriu e respondeu:

– É bom voltar a vê-lo, doutor Hamilton. Na verdade, como costumo dizer, é sempre bom ver alguém.

Ouviu-se um esboço de risadas percorrendo o salão do tribunal.

– Não sei quem bolou esse degrau – continuou David –, mas aposto que não foi um cego.

Depois olhou na direção de Hamilton e disse:

– Que linda gravata, doutor Hamilton. Tem muitas outras iguais a essa?

O riso tomou conta agradavelmente do meu tribunal até que Dudly bradou:

– Meritíssimo, protestamos energicamente contra essa pantomima evidentemente orquestrada pelo meu oponente.

– Eu não sabia que tínhamos uma orquestra – retrucou David, perguntando em seguida: – E quem é esse cara? É do grupo dos instrumentos de cordas?

Dudly se mostrou indignado:

– Meu jovem, eu sou L. Myron Dudly, do Escritório de Advocacia Dudly, Cheetham & Leech.

David riu e gracejou:

– Uau, gente como você sabe ser bem durona com um pobre ceguinho como eu, que só deseja fazer o pessoal rir um pouco. Eu preciso me esforçar para fazer com que as pessoas riam de mim, mas você consegue isso naturalmente.

A plateia ria às gargalhadas, enquanto David Reese, sem perder o humor, perguntava:

– Esse é o seu nome mesmo, ou você o encomendou a algum roteirista de comédias?

Até eu ri, mas afinal tive que bater o martelo para restabelecer a ordem.

Dirigi-me a David Reese:

– Senhor Reese, embora seu humor seja um sopro de ar puro aqui no meu tribunal e apesar de estarmos discutindo a Dádiva do Riso, devo lhe pedir que se restrinja a responder às perguntas que lhe forem feitas pelos advogados.

David Reese sorriu inocentemente, deu de ombros e concordou com a cabeça:

– Tudo bem. Vamos fazer assim.

Hamilton retomou o interrogatório.

– Senhor Reese, é verdade que Jason Stevens, em sua busca pela Dádiva do Riso, conforme determinado por Red Stevens, o encontrou num vagão de metrô?

– Sim, senhor, foi isso mesmo.

– Desde então, o senhor mantém contato com Jason Stevens regularmente? – perguntou Hamilton.

David fez que sim com a cabeça:

– Sem dúvida.

– De que natureza é a relação de vocês? – insistiu Hamilton.

– Bem, somos amigos, nos vemos de vez em quando e conversamos bastante por telefone. Jason se encontrou comigo e com uns amigos meus recentemente na escola para cegos. Conhecemos pessoas diferentes, frequentamos ambientes diferentes e gostamos de trocar piadas. Quando eu vejo uma coisa engraçada ou quando Jason descobre algo interessante, falamos um com o outro.

– E por que o humor é importante na sua vida? – quis saber Hamilton.

David Reese suspirou fundo e ficou sério pela primeira vez.

– Às vezes o riso e o humor são tudo o que tenho. Ser cego

pode ser deprimente e incrivelmente difícil. As pessoas não sabem como lidar com você e têm medo de dizer ou de fazer algo errado, por isso preferem simplesmente nos evitar. Mas o riso é a linguagem universal. Como o senhor viu hoje aqui, no tribunal. Estou certo de que muita gente estava nervosa e não sabia o que pensar quando eu surgi com meus óculos escuros e minha bengala branca. Mas bastaram algumas piadinhas e pronto, ficamos todos à vontade e, olha só, já viramos amigos.

O doutor Hamilton agradeceu a David por ter vindo e declarou:

– Meritíssimo, não tenho mais perguntas para a testemunha.

O doutor Dudly se pôs de pé e começou seu interrogatório.

– Senhor Reese, o senhor tem experiência em capacitação psicológica?

David riu e respondeu:

– Não, mas já fui a um psicólogo. Só que eu estava mais interessado em ser consertado do que em consertar...

Umas risadinhas se fizeram ouvir na galeria, mas Dudly as ignorou e prosseguiu:

– O senhor diria que Jason Stevens usou o riso para ajudá-lo a compreender ou a lidar melhor com a sua condição?

– Jason é meu amigo, e nós dois rimos muito juntos – respondeu David. – Todos lidamos com nossas próprias dificuldades, mas às vezes é legal ter alguém que se interessa por nós a ponto de compartilhar uma boa risada.

David fez uma pausa e em seguida perguntou:

– Ninguém nunca o chamou de Dud?

Caí na gargalhada, junto com todo mundo na sala. O doutor Dudly, vermelho como um pimentão e tremendo de raiva, gaguejava e apontava o dedo para mim.

Quando a ordem foi restabelecida, perguntei ao doutor Dudly se tinha mais alguma pergunta. Ele balançou a cabeça vigorosamente com cara de nojo e tratou de se ocupar com a papelada à sua frente.

Eu me dirigi ao escrivão, Scott, e disse:

– Registre-se que o tribunal entende que Jason Stevens demonstrou compreender a Dádiva do Riso nos termos propostos no testamento de Howard "Red" Stevens. Daqui a 30 dias decidiremos se Jason Stevens é capaz de partilhar essa dádiva com o próximo. Sessão encerrada.

*

No transcurso daquele mês, é possível que de fato tenham existido muitos mais episódios engraçados na minha vida, mas também pode ser que a Dádiva do Riso me tenha feito atentar mais para todas as oportunidades de dar uma boa gargalhada.

– Fique registrado que hoje o tribunal irá decidir sobre a matéria concernente ao testamento de Red Stevens no que diz respeito à capacidade de Jason Stevens de transmitir a Dádiva do Riso.

Acenei para Theodore J. Hamilton e perguntei:

– Doutor Hamilton, podemos começar?

– Com muito prazer, Meritíssimo.

Hamilton fez sinal para que Jason ocupasse o banco das testemunhas e deu início ao interrogatório:

– Jason, no mês que passou você teve a oportunidade de transmitir a Dádiva do Riso que seu avô repartiu com você?

Jason fez que sim com a cabeça e falou:

– Sim. Pensei muito a respeito da Dádiva do Riso e em quem poderia estar mais necessitado dela. Quando fui visitar o centro de atenção aos idosos para ver como andavam os telefonemas dos alunos da escola para cegos, percebi que tinha encontrado a resposta. Os idosos do centro estão sempre sofrendo de dores crônicas, muitos perderam a esposa e amigos de toda a vida e não veem filhos e netos com a frequência que gostariam. Por isso, senti que eles estavam precisando da Dádiva do Riso.

Hamilton balançou a cabeça e indagou:

– E como providenciou isso?

Jason continuou com sua explicação:

– Diariamente, depois do café da manhã, boa parte dos idosos se reúne em torno da televisão, na varanda ensolarada, ou no hall perto dos quartos. Passei por todos os grupos informando que tínhamos uma nova atividade: o Círculo do Riso das Manhãs de Domingo.

Aquilo era novidade, então Jason tratou de esclarecer:

– Os idosos estavam habituados a se reunir todas as manhãs para compartilhar medos, se queixar da vida ou falar de suas dores e sofrimentos. Eu lhes disse que, a partir dali, os domingos seriam dedicados ao Círculo do Riso. Cada grupo escolheria um dos seus membros para contar alguma coisa divertida que tivesse ocorrido com ele recentemente ou uma lembrança engraçada do passado. Nos domingos só são permitidas histórias engraçadas.

Hamilton aprovou com a cabeça e perguntou:

– E quais foram os resultados desse Círculo do Riso?

– Tem sido uma coisa incrível – explicou Jason, tirando do bolso do paletó um envelope. – Essa é uma carta da administradora do centro de atenção aos idosos. Ela informa que ainda estão sendo compilados os dados fornecidos por médicos e enfermeiras, mas os resultados preliminares revelaram que os residentes estão dormindo melhor, requerem menos medicação e manifestam aos domingos uma sensação de bem-estar maior do que nos outros dias da semana. Um dos médicos está até pensando em publicar uma matéria numa revista especializada de medicina geriátrica descrevendo o sucesso do Círculo do Riso.

Hamilton agradeceu a Jason e falou para Dudly:

– A testemunha é sua.

Dudly fez um gesto ligeiro de cabeça, em agradecimento, e começou:

– Senhor Stevens, o senhor ensinou de fato a esses idosos alguma coisa a respeito de humor e riso?

Jason balançou a cabeça e admitiu que não.

– Promoveu ou conduziu as conversas nesses grupos? – perguntou Dudly.

– Não, na verdade, não – confessou Jason.

Dudly começou a passear pela sala balançando a cabeça, como se estivesse frustrado com a resposta de Jason, e depois prosseguiu:

– Então, além de sugerir que essas pessoas se reunissem e conversassem sobre histórias engraçadas, o que efetivamente o senhor fez?

– Nada – disse Jason. – Meu avô me ensinou que o humor existe em todos nós. Agora eu me dou conta de que o riso se encontra potencialmente por toda parte, basta descobri-lo e compartilhá-lo. Mas, como meu avô também me ensinou através da Dádiva Mais Preciosa, se não buscarmos e exigirmos as boas coisas e as dádivas da vida, acabaremos perdendo-as. Eu apenas ajudei um grupo de pessoas a se concentrar no riso, e não na dor, no sofrimento ou na solidão.

O doutor Dudly fez um sinal com a mão para Jason:

– Dispensado – murmurou. Em seguida, virando-se para mim, disse: – Meritíssimo, ficou evidente que Jason Stevens não transmitiu a ninguém a Dádiva do Riso. As pessoas do centro de atenção aos idosos já a possuíam. Rogo ao tribunal que decida em favor dos meus clientes, os legítimos herdeiros da fortuna de Red Stevens.

Eu o cumprimentei com a cabeça e Dudly retornou ao seu lugar. Então declarei para que todos os presentes ouvissem:

– Doutor Dudly, concordo com Vossa Excelência...

Murmúrios de excitação fizeram-se ouvir no lado da família Stevens.

Bati o martelo e recomecei:

– Concordo com Vossa Excelência. Jason não levou àqueles idosos nada que eles já não possuíssem. No entanto, da forma como eu entendo as reais intenções de Red Stevens quanto à Dádiva do Riso, o fato de Jason lhes ter propiciado a chance de compreender e expressar o riso que já tinham em seu interior pode ser, perfeitamente, a maior de todas as dádivas.

Bati meu martelo e sentenciei:

– Este tribunal decide em favor de Jason Stevens. Retornaremos amanhã para analisar a Dádiva dos Sonhos.

DEZ

A vida e a dádiva dos sonhos

Os sonhos são a essência de tudo aquilo em que podemos nos transformar.

A manhã seguinte veio me encontrar, xícara de café na mão, recostado na minha confortável poltrona de couro a olhar pela janela à espera do nascer do sol. Eu estava no meu posto habitual, mas o sol, não. Havia uma camada de nuvens e névoa cobrindo a cidade. As estruturas mais sólidas, vistas da janela do meu gabinete nessa manhã, davam uma impressão etérea.

A realidade nem sempre é fácil de definir. Nada é o que parece. É importante que um juiz tenha consciência clara disso, tanto no plano pessoal quanto no profissional.

Eu segurava a capa do DVD intitulado *A Dádiva dos Sonhos*, enquanto refletia sobre as ironias da vida e imaginava o que Red Stevens haveria de revelar a respeito dos sonhos. A imagem familiar de Howard logo se materializou na tela.

Jason, este mês você vai aprender sobre uma dádiva que pertence a todos os grandes homens e mulheres: a Dádiva dos Sonhos. Os sonhos são a essência da vida, não da que é, mas da que pode ser. Os sonhos nascem nos corações e nas mentes de pessoas especiais, mas esses sonhos se tornam realidade e podem ser desfrutados pelo mundo inteiro.

Talvez você não saiba, mas Theodore J. Hamilton é amplamente reconhecido como o melhor advogado do país. Eu sei que atuar nesse nível de competência era um sonho dele desde que o conheci. Ele vem vivendo há mais de 50 anos esse sonho, que se concretizou em seu coração e na sua mente antes de virar realidade.

Sou capaz de me ver vagando pelos pântanos de Louisiana, sonhando em me tornar o maior magnata de gado e petróleo de todo o Texas. Esse sonho se integrou de tal forma a mim que alcançar meus objetivos foi como voltar para casa num lugar onde eu nunca estivera antes.

Enquanto formulo esta Dádiva Mais Preciosa para você, tento decidir qual considero a maior. Se tivesse que optar por uma, acho que escolheria a Dádiva dos Sonhos, porque são eles que nos permitem ver a vida como ela pode ser, não como ela é. Nesse aspecto, a Dádiva dos Sonhos nos possibilita sair do estado atual e agarrar qualquer outra dádiva que desejarmos.

Um dos primeiros verdadeiramente grandes sonhadores que conheci durante a vida tinha uma paixão permanente: criar lugares e coisas que pudessem tocar a imaginação das pessoas. É claro que passou por contratempos e fracassos. Ele tinha o costume de fazer enormes painéis de sonho, que pendurava na parede para traçar neles os planos de cada um de seus projetos.

Lembro-me de que, no leito de morte, ele deu um jeito de fixar os planos de seu mais novo projeto no teto do quarto do hospital. Dessa maneira, podia continuar olhando para o sonho enquanto o ia construindo na mente.

Quando um repórter foi entrevistá-lo, meu amigo estava tão fraco que mal conseguia falar. Então pediu ao repórter para deitar-se ao seu lado na cama, de modo que os dois pudessem ficar olhando para os planos fixados no teto enquanto ele ia falando do seu sonho.

O repórter ficou muito impressionado ao ver como alguém podia se conservar tão apaixonado, estando internado num hospital, lutando contra uma doença grave. Encerrou a entrevista e se despediu do meu amigo.

Mais tarde, naquele mesmo dia, meu amigo morreu.

Por favor, entenda bem o que estou querendo dizer. Alguém capaz de passar a vida inteira ardendo de paixão por seus sonhos, a ponto de desejar partilhá-los num leito de hospital, é uma pessoa afortunada. Meu amigo abrigou seus sonhos todos os dias da sua vida. E eles continuavam a crescer e a se expandir. Quando um sonho atingia seu ponto máximo, outro maior e mais grandioso aparecia.

Esse meu amigo ensinou muita gente, de modo bastante concreto, a sonhar e a imaginar um mundo melhor. Seu nome era Walt Disney.

Mas devo avisá-lo de que os sonhos para a sua vida devem ser só seus. Não podem pertencer a mais ninguém e têm que continuar crescendo e se expandindo.

Tive outro amigo, que você não conhece. Dizia que seu sonho era trabalhar duro e se aposentar aos 50 anos. Ele de fato trabalhou duro e obteve muito êxito nos negócios. Agarrou-se àquele sonho de aposentadoria, mas perdeu a paixão quando ele se realizou.

Em seu aniversário de 50 anos, alguns amigos se reuniram para comemorar as duas coisas: o aniversário e a aposentadoria. Era para ser um dos dias mais felizes da vida dele, caso o sonho tivesse sido corretamente planejado. Infelizmente, toda a sua vida adulta fora dedicada à profissão, de onde lhe vinha orgulho e autoestima. Quando esse meu amigo se viu, relativamente jovem, sem ter mais a profissão para guiá-lo, se defrontou com a incerteza da aposentadoria. Era algo que ele achava que sempre desejara, mas logo descobriu que ela não gerava nele a paixão pela vida.

Um mês depois, meu amigo se suicidou.

A diferença entre um sonhador que, mesmo na hora da morte, permanecia energizado pela eterna paixão, e o outro, cuja meta era tão incompatível com sua personalidade que o levou ao suicídio, deve ter ficado bem mais clara para você.

Jason, é importante que o seu sonho seja só seu. Seu sonho deve ser sob medida para a sua personalidade. Ele precisa crescer e se desenvolver junto com você. A única pessoa que deve ser apaixonada por seu sonho é você.

Pensei na relação entre sonho e realidade na minha própria vida. Enquanto refletia sobre meus sonhos tão acalentados – alguns que se concretizaram, outros que permaneciam irrealizados –, o sol rompeu as nuvens. O que estivera totalmente obscurecido se transformou no mais glorioso amanhecer que eu presenciara em muitos meses. E o tempo todo tinha estado ali.

*

A tensão estava alta no meu tribunal. Theodore J. Hamilton vinha ajudando Jason Stevens a superar, uma a uma, todas as barreiras. Os obstáculos pareciam cada vez maiores nessa competição em que o vencedor levaria tudo.

Antes que o doutor Hamilton iniciasse seu interrogatório, lembrei a todos os presentes que Jason Stevens seguia sob juramento como testemunha naquele processo.

– Jason, quando seu avô dividiu com você a Dádiva dos Sonhos, qual foi a tarefa que ele lhe pediu para realizar? – perguntou Hamilton.

Jason pareceu reunir as ideias antes de falar:

– Meu avô me pediu que pensasse sobre a minha vida, minhas metas e meus sonhos para definir o que eu desejava na vida.

Jason se remexeu na cadeira, parecendo inquieto, e levou a mão à testa na tentativa de se concentrar. Parecia querer fixar o pensamento em alguma época e em algum lugar do passado.

– Pensei em milhões de coisas que poderia fazer na vida – continuou Jason –, mas no final todas pareciam tomar a mesma direção.

Hamilton fez com a cabeça sinal de estar entendendo e incentivou Jason a prosseguir:

– Por favor, diga-nos que direção era essa.

– Bom, de certo modo é muito simples – respondeu Jason. – Desejo ajudar crianças e jovens carentes. Não me refiro apenas aos jovens que não têm dinheiro ou que vivem em circunstâncias difíceis. Quero ajudar também quem não se dá conta de tudo o que possui na vida. Em termos bem simples e diretos, eu me imagino dividindo a Dádiva Mais Preciosa com todas as pessoas que eu puder.

Hamilton sorriu e disse:

– Obrigado por partilhar esse sonho conosco, Jason. Isso é o que o seu avô queria para você.

– Protesto – trovejou Dudly. – Cabe a este tribunal decidir quanto às intenções de Red Stevens, não ao doutor Hamilton.

Hamilton saudou Dudly com uma leve reverência irônica e declarou em tom solene:

– Muito bem, doutor, deixarei a testemunha com Vossa Excelência e, assim, permitiremos que a corte decida.

Dudly se encaminhou para o banco das testemunhas e praticamente se debruçou na grade de proteção na frente de Jason.

– Senhor Stevens, não lhe parece extremamente conveniente que o sonho de sua vida seja ajudar os outros com a Dádiva Mais Preciosa? Quem sabe o senhor esteja apenas querendo ter o controle de alguns bilhões de dólares?

Jason sorriu e disse:

– Eu venho dividindo a Dádiva Mais Preciosa com quem posso desde que ela me foi concedida pelo meu avô. E vou continuar fazendo isso durante o resto da minha vida, não importa o que aconteça.

– Estou vendo – replicou Dudly com grande ceticismo. – O senhor tem muita experiência em matéria de viver na pobreza?

Jason balançou a cabeça e riu:

– Não, muito pelo contrário.

Dudly ergueu as sobrancelhas e insistiu:

– O senhor já teve algum tipo de doença grave ou enfrentou qualquer espécie de deficiência física?

Jason balançou novamente a cabeça e respondeu:

– Não, sempre tive uma ótima saúde.

– Então como é que o senhor pode razoavelmente pretender que alguém o considere a pessoa certa para ajudar o próximo com seus sonhos? O senhor é incapaz até mesmo de levar avante seus próprios sonhos sem o dinheiro de seu avô, que, por sinal, deveria legal e moralmente pertencer aos meus clientes.

– Protesto – interveio Hamilton. – Meritíssimo, parece que o doutor Dudly está querendo ser não só o advogado e a testemunha, mas também o juiz, o júri e o carrasco.

Bati o martelo:

– Protesto aceito.

– Sem mais perguntas para a testemunha – disse Dudly com ar de indiferença, enquanto confiantemente seguia de volta à mesa dos advogados. Sorriu para seus clientes, reunidos nas três fileiras da frente, e sentou-se.

– O sonho é bem diferente da realidade – comecei. – Não necessita de nenhuma prova que o sustente para ser válido. Na verdade, o que torna os sonhos tão notáveis é o fato de que raramente, se não jamais, eles são realistas. Entendo que o sonho do senhor Jason Stevens é razoável e, ao mesmo tempo, admirável à luz da vontade e dos desejos de seu avô, Red Stevens, tal como por ele declarado em testamento.

Uma espécie de lamento coletivo se fez ouvir na galeria atrás de Dudly, que ficou boquiaberto, pois supunha ter ganhado aquela questão.

Continuei:

– Jason Stevens terá 30 dias para demonstrar sua capacidade de transmitir a Dádiva dos Sonhos. O tribunal fica em recesso até lá.

*

Trinta dias depois, Jason Stevens chegou carregando uma caixa de tamanho considerável e a levou para o banco das testemunhas, depositando-a no chão.

Hamilton lhe pediu que relatasse as atividades referentes à Dádiva dos Sonhos que desenvolvera durante o último mês e Jason falou:

– Comecei o mês pensando nas crianças e jovens mais necessitados da Dádiva dos Sonhos. Então me dei conta de que eu já conhecia um grupo de crianças que viviam em ambientes conflituosos e carentes.

Jason parou, olhou para a caixa no chão e prosseguiu:

– Fui à Escola dos Sábados e contei às crianças sobre a Dádiva dos Sonhos. Fizemos alguns exercícios e discutimos em grupo. Finalmente, pedi que cada uma escrevesse os sonhos que tinha para sua vida.

Hamilton abriu um sorriso largo:

– Muito bom. E poderia revelar para nós, hoje, aqui neste tribunal, alguns desses sonhos?

Jason assentiu com a cabeça e confiantemente começou a ler o que estava escrito nos papéis que ia tirando da caixa:

– Taylor tem 8 anos. Quer ser jogador do time dos Yankees, de Nova York. Nicole tem 9 e quer ser astronauta. Marcus também tem 9 anos e quer ser ator. David está com 11, e seu sonho é ser um empresário de sucesso para poder comprar uma casa e um carro para a mãe. Laurie tem 7 anos e quer ser presidente da República.

Hamilton o interrompeu e falou em nome de todos os presentes:

– Obrigado, Jason. Acho que é mais do que suficiente para demonstrar seu êxito nesta matéria. Não tenho mais perguntas.

– Senhor Stevens – começou Dudly –, o que o senhor vê de inusitado no fato de uma criança que está em fase de crescimento querer jogar nos Yankees, tornar-se astronauta ou almejar a presidência da República?

Jason encolheu os ombros e respondeu:

– Não faço ideia.

Dudly contra-atacou:

– Bem, o senhor não acha que esses sonhos têm chances muitíssimo remotas de se realizar?

Jason pensou e disse:

– É, pode ser.

Dudly limpou a garganta:

– Então faça o favor de dizer ao tribunal que sentido faz isso tudo.

Jason recolocou cuidadosamente os papéis na caixa, se ajeitou na cadeira e disse:

– A questão não é o que essas crianças sonham. A questão é que, apesar de viverem em ambientes de total desamparo e de falta de perspectivas, elas têm sonhos. Meu avô me ensinou que os sonhos podem crescer e mudar. O sonho em si não é tão importante. O que importa é sonhar.

Dudly ficou sem ação e eu sentenciei com toda a firmeza:

– Jason Stevens, para satisfação deste tribunal, o senhor acaba de provar que possui a capacidade e a vontade de transmitir ao próximo a Dádiva dos Sonhos. Na próxima segunda-feira iremos examinar a Dádiva da Doação.

ONZE

A vida e a dádiva da doação

Nesta vida, muitas vezes perdemos tudo o que tentamos conservar e acabamos conservando tudo aquilo de que tentamos nos desfazer.

Na manhã seguinte os abutres da mídia pousaram sem avisar na Escola dos Sábados. As crianças da periferia, até então anônimas, instantaneamente viraram celebridades no país e no mundo.

Assisti a uma exaustiva entrevista com Marcus, o menino de 9 anos que sonhava em ser ator. Os repórteres se revezavam nas perguntas, flashes espocavam em torno dele, e dezenas de microfones eram praticamente enfiados no rosto da criança. Marcus estava calmo, tranquilo, na dele. Respondia a cada pergunta como se estivesse lendo um texto escrito, sem tremer a voz e sem desviar o olhar.

Ao final de seus poucos minutos de fama, tive certeza de que, se eu estivesse selecionando atores para alguma superprodução cinematográfica, Marcus estaria no topo da minha lista.

Depois foi a vez de Laurie aparecer diante das câmeras. Era frágil e parecia um pouco assustada. Os créditos na parte inferior da tela da minha TV recordavam que Laurie tinha só 7 anos. Mas quando a primeira pergunta foi atirada sobre ela, a menina se mostrou absolutamente à altura da ocasião.

Uma repórter começou perguntando:

– Laurie, o que faz com que você queira ser presidente?

Laurie defendeu sua plataforma:

– As lâmpadas nas ruas estão queimadas, a escola precisa de pintura, tem gente com medo no meu bairro e todo mundo está sempre brigando.

A repórter prosseguiu:

– E o que você pensa em fazer a respeito, Laurie?

– Vou mudar tudo isso – afirmou a menina num tom que me convenceu a lhe dar meu voto. Eu não me surpreenderia com a possibilidade de votar em Laurie no futuro.

*

O fim de semana proporcionou um descanso merecido, mas não demorou muito para a segunda-feira chegar e logo estarem todos de volta a seus lugares no meu tribunal.

Pedi silêncio e tratei de dar início aos trabalhos:

– Hoje vamos analisar a Dádiva da Doação, tal como apresentada a Jason Stevens por seu avô. Este tribunal irá reunir provas que determinem se Jason Stevens tem conhecimento teórico e operacional em relação ao desejo de seu avô no que se refere a essa dádiva. Como de hábito, ouviremos primeiramente o doutor Hamilton, que representa Jason Stevens.

Jason tomou assento no banco das testemunhas e, interrogado pelo doutor Hamilton, esclareceu que Red Stevens o tinha desafiado a encontrar, todos os dias do mês, pessoas a quem o próprio Jason pudesse oferecer dádivas. Mas não podiam ser dádivas compradas com o dinheiro do avô. Tinham que vir do próprio Jason.

– O que você fez? – perguntou Hamilton.

– Bem, achei umas coisas que pude conseguir sozinho ou das quais pude me descartar.

Hamilton balançou a cabeça e pediu que Jason dissesse quais eram essas coisas.

Jason tirou uma folha de papel do bolso do paletó, desdobrou-a e leu:

– No primeiro dia, fui a um shopping e consegui estacionar bem na entrada. Quando estava saindo do carro, vi que um casal de idosos procurava vaga. Voltei, deixei-os na minha vaga e fui estacionar meu carro lá no fundo do terreno. No segundo dia, fui surpreendido na cidade por um temporal e partilhei o guarda-chuva com uma moça que havia esquecido o seu. No terceiro dia, fui doar sangue. No quarto, telefonei para um vizinho que estava precisando comprar pneus novos informando que havia uma loja fazendo promoção. No quinto, ajudei uma senhora idosa a carregar umas sacolas pesadas até seu carro. No sexto dia, fiquei cuidando dos filhos de uma vizinha para que ela pudesse sair com as amigas. No sétimo dia, fui à escola para cegos ler para eles. No oitavo dia, ajudei a servir o almoço no refeitório popular e, no nono, escrevi um bilhete e o mandei com um poema para uma amiga.

Ele olhou para Hamilton e então prosseguiu:

– No décimo dia, levei os filhos do vizinho à escola. No décimo primeiro, ajudei o Exército da Salvação a embalar e distribuir doações. Nos dois dias seguintes, hospedei em minha casa alguns estudantes estrangeiros que participavam de um intercâmbio cultural. No décimo quarto dia, ajudei um grupo de escoteiros a preparar sua reunião semanal. No décimo quinto, vi um homem com a bateria do carro arriada e o ajudei a recarregá-la. No décimo sexto, escrevi cartas para pessoas hospitalizadas. No décimo sétimo, fui a uma sociedade protetora dos animais e levei alguns cães para passear no parque. No décimo oitavo, doei minhas milhas acumuladas a uma banda universitária que planejava ir à Califórnia e fazer uma apresentação. No décimo nono dia, fui, junto com o pessoal de uma instituição de caridade, distribuir refeições para moradores de rua.

Todos prestavam atenção enquanto ele lia.

– Nos quatro dias seguintes, acampei com um grupo de escoteiros e levei na viagem algumas crianças da periferia que, assim como eu, nunca tinham acampado nem ido pescar. No vigésimo quarto dia, ajudei uma igreja do bairro a montar um bazar beneficente. No vigésimo quinto e no vigésimo sexto dia, integrei uma equipe de voluntários de uma ONG que constrói casas para pessoas carentes. No vigésimo sétimo dia, ofereci minha casa para uma recepção de um grupo beneficente. No vigésimo oitavo, ajudei um vizinho a fazer uma boa faxina em seu jardim. No vigésimo nono dia, por incrível que pareça, ajudei a fazer biscoitos para vender na feirinha de uma escola pública.

Theodore J. Hamilton parou em frente ao banco de testemunhas e bateu palmas para Jason:

– Impressionante, realmente impressionante, meu filho. Mas o que você fez no trigésimo dia?

Jason riu e respondeu:

– Ora, doutor Hamilton, o senhor não está lembrado? Fui levar alguns biscoitos que sobraram da feirinha da escola para o senhor e para a doutora Hastings.

– É isso mesmo – comentou Hamilton. – E posso atestar que estavam deliciosos! Sem mais perguntas.

Hamilton se retirou para seu lugar enquanto Dudly se preparava para atacar.

– Senhor Stevens, na sua opinião, qual seria o valor agregado, em termos monetários, de todas as dádivas incluídas nessa sua modesta lista? – perguntou Dudly, apontando com desdém para o papel que Jason segurava.

Jason pareceu desconfiado, encolheu os ombros e disse:

– Não faço a menor ideia, doutor.

Dudly apertou mais o cerco:

– O senhor concorda comigo que a maioria desses itens tem uma importância mínima, para não dizer nenhuma importância, no mundo real?

– É provável – admitiu Jason.

– Então, como é que o senhor pode ter a expectativa de administrar bilhões de dólares baseado nisso? – indagou Dudly, apontando para a folha que Jason tinha nas mãos.

Jason refletiu por um instante e só então respondeu:

– Meu avô me disse para só recorrer ao que fosse meu. Não tive escolha senão dar uma parte de mim.

Jason parou, retomou o ritmo, e prosseguiu:

– Mas acredito que seja bem mais fácil administrar dinheiro do que administrar a nós mesmos.

Dudly olhou para o rapaz, mostrando-se surpreso:

– O senhor só pode estar brincando – disse.

Dudly olhou para o teto e ergueu as mãos com as palmas para cima, como se estivesse implorando aos céus perdão por tamanho absurdo.

Fui obrigado, afinal, a interromper aquela cena teatral, perguntando:

– Doutor Dudly, Vossa Excelência deseja fazer mais alguma pergunta à testemunha?

Dudly se virou para mim, a voz em tom dramático:

– Não, Meritíssimo. A questão parece estar perfeitamente esclarecida.

E Dudly foi sentar-se.

Agradeci a Jason pelo depoimento e lhe disse que podia retornar ao seu lugar. Ordenei as ideias para proclamar minha sentença, e comecei:

– O testamento de Howard "Red" Stevens exigia que ao longo de cada um dos 30 dias do mês seu neto doasse algo que lhe pertencesse. É entendimento desta corte que o senhor Jason Stevens cumpriu perfeitamente a tarefa. Durante os próximos 30 dias, lhe será dada a oportunidade de demonstrar que é capaz de transmitir a outros a Dádiva da Doação.

Meu martelo soou pela última vez naquele dia. Em seguida, atravessei a porta de mogno rumo ao mundo privado do meu gabinete.

Ali me recostei na enorme poltrona e fiquei pensando se eu seria capaz de descobrir algo só meu que pudesse doar diariamente durante um mês inteiro.

*

Vi Red Stevens aparecer na tela à minha frente para falar a respeito da Dádiva da Doação.

Este mês, quero que você aprenda a Dádiva da Doação. Ela é mais um daqueles princípios paradoxais de que falamos muitos meses atrás. O saber convencional diria que quanto menos você dá, mais você tem. Isso é exatamente o oposto da verdade. Quanto mais você dá, mais você tem. A abundância gera a capacidade de dar e dar gera mais abundância. E não estou falando apenas em termos financeiros. Este princípio vale para qualquer setor da sua vida.

É importante ser aquele que dá e aquele que recebe. Jason, financeiramente eu venho lhe dando tudo o que você possui neste mundo. Mas violei o princípio subjacente à Dádiva da Doação. Dei dinheiro, dei-lhe coisas, mais por obrigação do que por um verdadeiro espírito de generosidade. Você recebeu tudo o que lhe dei como se fosse um direito adquirido, sem expressar qualquer gratidão. Nossas atitudes tiraram de nós o prazer que a Dádiva da Doação traz.

É importante, quando você dá algo a alguém, que a dádiva seja feita com a intenção correta, e não por um sentimento de obrigação. Minha vida inteira eu aprendi a dar. Não consigo me ver privado do privilégio de dar tanto coisas quanto parte de mim mesmo ao próximo.

Um dos princípios básicos da doação, entretanto, é que a dádiva precisa ser sua, isto é, algo que você conquistou ou criou, ou talvez simplesmente uma parte de você mesmo.

*

Durante aquele mês inteiro pensei na questão de dar e receber como nunca tinha pensado antes.

Embora já a tivesse presenciado, aquela visão ainda me deixava impressionado. Tomei meu lugar no tribunal, bati o martelo e pedi silêncio. Sorri para os presentes e disse:

– Dou as boas-vindas a todos. O Direito é uma parte sagrada de nossas vidas e da nossa cultura. Eu sempre me sinto feliz ao ver as pessoas participando desse processo.

Novamente elas estavam ali, ocupando ambos os lados da sala, comprimindo-se contra a parede dos fundos: as mães solteiras que já tinham aparecido no tribunal para a sessão da Dádiva do Dinheiro.

Fiz um gesto na direção do doutor Hamilton e de Jason Stevens, que tomaram seus postos para dar início aos procedimentos do dia.

Hamilton iniciou seu trabalho:

– Jason, você teve a oportunidade, no mês passado, de partilhar com outras pessoas a Dádiva da Doação, conforme prescrito no testamento de seu avô, Howard "Red" Stevens?

– Sim – confirmou Jason, assentindo com a cabeça.

– Por favor, ponha-nos a par do seu progresso nessa questão – pediu-lhe Hamilton.

Jason correu os olhos pela longa fila de mulheres solteiras, cuja simples presença ali constituía por si só um depoimento impressionante, e então começou:

– Procurei refletir sobre a Dádiva da Doação e concluí que dar deveria ser algo ao mesmo tempo criativo e automático. Precisa ser uma coisa em que pensamos constantemente de modo novo. Por outro lado, é importante desenvolver o hábito da doação regular.

Jason ergueu os olhos para mim e prosseguiu:

– Como o senhor sabe, quando falamos sobre a Dádiva do Dinheiro, eu promovi uma espécie de aula de finanças para todas as mães solteiras que participam da creche cooperativa e do grupo de apoio. Essas aulas tiveram prosseguimento e nós aprendemos que é preciso sempre fazer três coisas com cada dólar que recebemos: primeiro, economizar uma parte para poder enfrentar tempos mais difíceis ou ocasiões especiais. Em segundo lugar, gastar outra parte, de modo consciente e cauteloso, para atender às nossas necessidades básicas, imediatas ou futuras. E, finalmente, distribuir uma parte de cada dólar. Quando conversamos com as mães solteiras a respeito de doação, ficamos muito frustrados, porque seus orçamentos eram tão apertados que elas tinham a sensação de que não poderiam realizar coisa alguma com doações individuais.

Jason sorriu e olhou por toda a sala com grande expectativa.

Hamilton sorriu também e perguntou:

– E aí, o que você fez, Jason?

– Todas as mães solteiras do grupo se juntaram e cada uma deu um pouco de dinheiro – respondeu Jason. – Coletivamente, se comprometeram a fazer uma contribuição mensal para construir um centro comunitário com instalações para creche no parque municipal Howard "Red" Stevens.

Jason tirou do bolso interno do paletó um envelope e continuou:

– Aqui está o primeiro cheque emitido pelo Fundo Beneficente das Mães Solteiras destinado ao centro comunitário do parque municipal Howard "Red" Stevens.

Uma agitação nervosa percorreu as fileiras das mães que ocupavam toda a sala.

O juiz Eldridge sempre insistira comigo sobre a importância primordial de manter a ordem no tribunal. De certa forma, eu sabia que ele estava nos olhando e que aprovava o fato de eu ter permitido que os aplausos seguissem seu curso.

Hamilton acenou para as mulheres, agradeceu a Jason e passou a testemunha a Dudly.

Dudly caminhou em direção a Jason:

– Senhor Stevens, o senhor teria uma estimativa do custo desse centro comunitário com instalações para creche a ser construído nesse tal... parque?

Jason exibiu um sorriso travesso e esclareceu:

– Doutor Dudly, o senhor está querendo se referir ao parque municipal Howard "Red" Stevens, onde vamos construir o centro comunitário com todos os equipamentos e instalações necessários a uma creche?

– Isso, seja lá que nome tenha – retrucou Dudly, impaciente.

Jason sorriu e continuou:

– Sim, tenho uma estimativa preliminar. Deverá custar dezenas de milhares de dólares. Estamos calculando algumas variáveis e detalhes finais para chegar ao valor preciso.

– E quanto tempo vai demorar para – Dudly fez um sinal com as mãos na direção das mulheres espalhadas pela sala e prosseguiu: – vocês pagarem esse centro com esses cheques mensais?

– Não tanto quanto demoraria sem eles – contra-atacou Jason.

Nova manifestação eclodiu por parte das mães solteiras. Bati meu martelo sem muito entusiasmo, já que estava também com muita vontade de aplaudir.

Dudly tentou mostrar indiferença, ignorando a manifestação, e falou:

– Sem mais perguntas.

Passei a vista lentamente pela sala do tribunal e procurei olhar nos olhos de cada uma daquelas mães solteiras. Então me dirigi diretamente a elas:

– Muitas vezes eu me vejo forçado a tomar uma decisão, porque este é o meu papel. Embora tomar decisões seja, sem dúvida, meu dever e minha obrigação legal, constitui igualmente um claro prazer para mim agradecer a contribuição dada pelas senhoras.

Olhei para elas, sorri e continuei:

– Como é um prazer me pronunciar em favor de Jason Stevens no tocante à Dádiva da Doação.

Quando cheguei ao fim de meu pronunciamento, uma terceira e mais estridente manifestação de alegria irrompeu.

Tinha sido um grande dia.

DOZE

A vida e a dádiva da gratidão

A gratidão é que mantém o equilíbrio entre as coisas que temos e as que queremos.

Um dos novos canais de TV a cabo transmitia ao vivo a cerimônia de início das obras do centro comunitário e da creche no parque municipal Howard "Red" Stevens. Jason falou pouco, deixando que os holofotes iluminassem o grupo de mães solteiras que tinham angariado os recursos e o pessoal da comunidade que construíra o parque.

Nunca esquecerei o que uma daquelas mulheres falou. Timidamente, ela se aproximou do palanque montado e, meio ofuscada pelas luzes da TV, disse:

– Sob vários aspectos, a vida não tem sido fácil para mim. Tenho três filhos, de 2, 5 e 7 anos, e dois empregos que mal me permitem sobreviver. Este parque se tornou um refúgio seguro onde minhas crianças e eu podemos vir brincar ou mesmo apenas passar um tempinho juntas. Com o centro comunitário e a creche, minha família e as de tantas outras pessoas terão oportunidades que nunca tivemos antes. Mais importante, porém, do que a mudança externa é a mudança que vem acontecendo dentro de mim. Passei por tempos bem difíceis, esperando que alguém me ajudasse. Agora, acordo todos os dias e penso no que posso fazer tanto por mim quanto pelas pessoas que me cercam.

Da janela do meu gabinete, eu podia ver o parque ao longe, com a multidão cercando o palanque e muitas vans de emissoras de rádio e TV. Como preparação para o dia de trabalho no tribunal, coloquei no aparelho o DVD *A Dádiva da Gratidão*, na expectativa de assistir à mensagem de Red Stevens para o neto:

Quem prepara o testamento e um vídeo como este pensa necessariamente no que foi sua própria vida. Eu estive em tantos lugares e conheci tantas experiências, que é difícil imaginar que só tive uma vida.

Quando rapaz, eu era tão pobre que tinha que trabalhar diariamente em troca de comida. Cheguei a dormir em beira de estrada. Mas também estive na companhia de reis e presidentes e possuí todas as coisas materiais que esta vida tem a oferecer. Quando olho para trás, agradeço por tudo isso.

As recordações mais importantes que guardo são da época mais difícil de minha vida.

Jason, este mês você vai aprender uma lição que encerra algo que tem faltado totalmente em sua vida: a gratidão. Sempre achei uma ironia o fato de que as pessoas que têm os maiores motivos para serem agradecidas sejam precisamente as menos gratas, enquanto aquelas que são menos favorecidas levam uma vida cheia de gratidão.

Ainda na minha juventude, pouco depois de sair por aí sozinho para conquistar o mundo, conheci um senhor bem idoso chamado Josh que hoje seria definido como sem-teto. Naquela época, muita gente só viajava de trem e só havia trabalho suficiente para que as pessoas sobrevivessem. Isso foi durante a Grande Depressão e muitos dos que eram considerados vagabundos ou vadios eram pessoas bem-educadas que tinham uma vida cheia de experiências enriquecedoras.

Josh e eu trabalhamos juntos durante quase um ano. Ele parecia muito mais velho do que eu na época, mas é provável que eu tenha me enganado nos cálculos. Ele é uma das pouquíssimas pessoas que conheci de quem posso dizer, com toda a honestidade, que "nunca teve um dia ruim". Ou, se teve, nunca demonstrou. Trabalhando pesado como nós trabalhávamos, era normal que ficássemos exaustos, com frio ou fome. Mas Josh sempre tratava bem a todos.

Quando resolvi me estabelecer no Texas e fazer minha fortuna por lá, Josh e eu nos separamos. Fixar-se num lugar simplesmente não era a prioridade de sua vida. Quando nos separamos, perguntei por que ele estava sempre de bom humor. Ele me respondeu que uma das maiores lições que sua mãe lhe havia deixado era a Lista de Ouro.

Josh me explicou que todas as manhãs, antes de se levantar, ficava deitado na cama – ou onde estivesse dormindo – e visualizava uma barra de ouro na qual estavam gravadas 10 coisas pelas quais ele era especialmente grato. Disse que a mãe tinha feito isso todos os dias de sua vida e que ele nunca deixara passar um dia sem fazer o mesmo.

Bem, eu me orgulho de dizer que não desperdicei um só dia desde que Josh partilhou comigo aquela lição, há quase 60 anos. Em certos dias, agradeço pelas coisas mais triviais. Em outros, sinto uma profunda gratidão pela minha vida e por tudo o que me cerca.

Jason, hoje estou lhe transmitindo o legado da Lista de Ouro. Sei que ela vem sobrevivendo há mais de 100 anos, tendo passado da mãe de Josh para ele, dele para mim e agora de mim para você. Não sei como a mãe de Josh descobriu o processo, mas é possível que ele lhe tenha sido transmitido há muitos e muitos anos.

Seja como for, eu a passo para você, sabendo que, se ela for praticada regularmente, depois de algum tempo vai se tornar uma parte natural da sua vida; será como respirar.

*

Mais uma vez pedi silêncio no tribunal para examinar o caso do testamento de Howard "Red" Stevens. Depois das formalidades de praxe, Jason sentou-se no banco de testemunhas e o lendário Theodore J. Hamilton deu início aos trabalhos.

– Jason, é verdade que seu avô lhe ensinou a Dádiva da Gratidão como parte da herança da Dádiva Mais Preciosa?

Jason fez que sim com a cabeça.

Hamilton continuou:

– E também é verdade que Red Stevens partilhou com você algo denominado a Lista de Ouro?

Mais uma vez Jason concordou com a cabeça e disse:

– Sim, é verdade.

Hamilton sorriu e perguntou:

– Poderia contar ao tribunal o que vem a ser essa Lista de Ouro?

Jason pigarreou e falou:

– Meu avô me falou de um processo que ele aprendeu há muitos anos e que contribuiu para tornar sua vida melhor. Basta pensar todos os dias em 10 coisas pelas quais você é grato.

Hamilton assentiu e prosseguiu com as perguntas:

– E você realizou essa tarefa nos 30 dias que precisou dedicar à Dádiva da Gratidão?

– Sim, senhor – confirmou Jason.

Hamilton foi pegar uma folha de papel na mesa dos advogados e retornou a Jason, dizendo:

– Tenho aqui uma cópia da lista que você preparou durante o mês da Dádiva da Gratidão, com as coisas pelas quais é grato.

Hamilton segurou a lista diante de Jason e pediu:

– Poderia confirmar para o tribunal que esta é uma cópia da lista que você redigiu de próprio punho?

Jason examinou a lista atentamente, ergueu os olhos para mim e declarou:

– É a minha lista.

Dudly os interrompeu:

– Eu gostaria de examiná-la, se não se importam.

– Tenha a bondade – disse Hamilton com uma cordialidade irônica.

L. Myron Dudly passou os olhos desdenhosamente pela folha e retornou a seu lugar.

– Tudo bem – disse.

Hamilton apoiou os óculos no nariz e esticou o braço para ler o que estava escrito.

– Vejo que neste dia aqui você se mostrou grato pelos amigos, pela família e pela Dádiva Mais Preciosa, entre outras coisas.

Hamilton olhou para Jason por sobre os óculos e perguntou:

– Correto?

– Sim, senhor – confirmou Jason.

Hamilton tirou os óculos, guardou-os num velho estojo de couro, olhou para mim e disse:

– Isso é tudo, Meritíssimo.

Eu fiz um gesto para Dudly.

J. Myron Dudly se acercou do banco das testemunhas como se fosse um goleador disposto a assumir a artilharia do campeonato.

– Senhor Stevens, é verdade que, durante a maior parte da sua vida, o senhor considerou a riqueza, a posição social, o prestígio e as oportunidades de vida oferecidas por seu avô como coisas que lhe eram de direito?

– É verdade – admitiu Jason.

– E mais – pressionou Dudly –, não é verdade que, ao longo de toda a vida de seu avô, o senhor jamais agradeceu, mas, pelo contrário, tinha uma vergonha tão grande dele que não o chamava de avô e tratava-o como uma espécie de tio-avô distante ou algo do gênero?

Jason suspirou e lentamente balançou a cabeça, afirmando:

– Sim, é verdade.

Dudly mexeu a cabeça em sinal de desapontamento, como se estivesse lidando com uma criança malcriada, e perguntou:

– Então, como pode esperar que este tribunal acredite que o senhor entende de gratidão somente pelo fato de um dia ter feito uma listinha de coisas pelas quais qualquer pessoa seria agradecida?

– Não foi só um dia – retrucou Jason, desafiadoramente. – Tenho uma Lista de Ouro para cada dia.

Dudly quis parecer surpreso, recorrendo a uma voz de falsete:

– Oh, perdoe-me. Imagino que o senhor se ache capacitado a administrar bilhões de dólares só por ter feito uma lista no mês passado.

Jason balançou a cabeça e informou:

– Não, eu fiz uma Lista de Ouro todos os dias desde que meu avô me deu a ideia.

Dudly riu ironicamente e perguntou, incrédulo:

– O senhor quer nos fazer crer que todos os dias, desde que seu avô morreu, há mais de um ano, arranjou tempo para formular mentalmente uma lista com 10 coisas pelas quais é agradecido? É isso?

Jason procurou algo no bolso interno do paletó, enquanto falava:

– Eu não só formulei mentalmente, como pus no papel todas as coisas pelas quais era grato.

Um diário de couro surrado apareceu nas mãos de Jason, que o segurava com todo o carinho.

Dudly rapidamente disfarçou o choque que sentiu e disse:

– Deixe-me ver esse caderninho.

Jason o entregou a Dudly, que o folheou suspirando, como se estivesse experimentando forte impaciência e frustração.

– Senhor Stevens, o senhor afirma a este tribunal, estando sob juramento e com risco de ser acusado de perjúrio, que vem escrevendo neste caderno 10 coisas pelas quais agradece durante cada um dos dias que se passaram desde que seu avô lhe ofereceu a ideia da Dádiva da Gratidão?

Jason balançou a cabeça e respondeu:

– Não, senhor.

Dudly bateu as mãos e exclamou:

– Foi o que eu pensei.

Mas antes que Dudly pudesse prosseguir, Jason acrescentou:

– Na verdade, este é o terceiro volume. Os dois primeiros estão todos preenchidos.

Dudly balançou a cabeça sem querer acreditar e disse com arrogância:

– Bem, por que não se limita a ler para nós a relação dos agradecimentos de hoje?

Jason reverentemente virou as páginas e começou a ler:

– Hoje eu sou grato pelo início das obras do centro comunitário e da creche no parque. Sou grato às mães solteiras que tornaram isso possível. Sou grato ao pessoal da comunidade que construiu o parque. Sou grato a Jeffrey Watkins, que aceitou assumir a minha causa quando todos se recusaram. Sou grato ao meu amigo David Reese, que me ajudou a seguir rindo durante este difícil processo legal. Sou grato à doutora Hastings, por sempre ter estado ao meu lado. Sou grato às aulas na escola de deficientes visuais e ao pessoal do centro de atenção aos idosos, que tanto me ensinou. Sou grato ao doutor Hamilton, por ser meu advogado e meu amigo. E sou grato a Alexia, por amar a mim, que nem sempre inspiro amor.

Jason fechou o livro e o devolveu ao bolso do paletó, concluindo:

– E sou grato a Emily, por ter me ensinado, com sua morte, a seguir vivendo.

– Isso é tudo – murmurou Dudly, enterrando-se na cadeira.

O silêncio se abateu sobre a sala do tribunal. Finalmente, eu o rompi para sentenciar:

– É entendimento desta corte que Jason Stevens demonstrou cabalmente ter incorporado à sua vida a Dádiva da Gratidão, tal como a definiu Red Stevens. O tribunal voltará a se reunir daqui a um mês para julgar a capacidade de Jason Stevens de transmiti-la a outros.

*

Antes de fazer qualquer outra coisa naquele dia, eu me sentei em meu gabinete para rabiscar a minha Lista de Ouro. Liguei para Marie dizendo que a amava e que ela era a número um da lista. Eu sabia que aquela prática se tornaria um hábito que eu iria cultivar pelo resto da vida.

*

Mais um mês se passou. No tribunal, Jason, no banco das testemunhas, estava sendo interrogado pelo doutor Hamilton.

– Jason, como foi sua experiência com a Dádiva da Gratidão durante este último mês?

Jason contou a história:

– Este mês fui à reunião de ex-alunos da minha universidade. Na verdade, não me formei com uma turma que pudesse chamar de "minha turma". Por isso, de vez em quando apareço na reunião para rever alguns ex-colegas. Todos os anos, depois da partida de futebol americano, há um jantar para os ex-alunos. Como este processo, aqui no tribunal, tem chamado muito a atenção da mídia, o reitor me perguntou se eu não gostaria de fazer um breve discurso depois do jantar. Subi ao palco e falei sobre a Dádiva da Gratidão e a Lista de Ouro.

Sua expressão era calma enquanto ele prosseguia:

– Muita gente ali é como eu era. Sempre teve tudo de mão beijada e, assim, deixou de ter coisas que de fato precisava. Eu disse àquelas pessoas que o passo seguinte, no sentido de obter o que se deseja para o futuro, é olhar para trás e expressar gratidão pelo que se tem hoje.

Jason bateu de leve no bolso do paletó e prosseguiu:

– Mostrei-lhes o meu diário. Muitos começaram ali mesmo a rabiscar suas listas nos guardanapos ou nas costas do programa da festa. A Dádiva da Gratidão foi aplaudida de pé.

Hamilton sorriu e sacudiu a cabeça, satisfeito.

– E o que aconteceu depois, Jason? – perguntou ele.

– Bem, alguns dias mais tarde eu recebi um telefonema do presidente da associação de ex-alunos que, anualmente, levanta recursos para conceder bolsas de estudos. Este ano, em memória do meu avô, eles instituíram a Bolsa de Estudos Red Stevens, que será oferecida todos os anos a um aluno da Escola dos Sábados.

– Obrigado por tudo, Jason – disse Hamilton em tom emocionado.

Olhei na direção de L. Myron Dudly e sua equipe de advogados da Dudly, Cheetham & Leech. Alinhados atrás deles, se achavam vários membros do clã dos Stevens. Parecia haver uma forte ansiedade no grupo. Era como se eles tivessem se dado conta de que o tempo no tique-taque do relógio daquele caso, em que estavam em jogo bilhões de dólares, escoava rapidamente.

Dudly se levantou meio trôpego e falou com voz rouca:

– Sem perguntas.

Eu então sentenciei:

– Não havendo manifestação em contrário, esta corte acolhe a apresentação da Dádiva da Gratidão feita por Jason Stevens. O tribunal voltará a se reunir amanhã, às 10 horas.

TREZE

A vida e a dádiva de cada dia

A vida mais preciosa nada mais é do que
uma série de dias preciosos. Hoje é o dia!

Eu podia sentir que a maratona do caso do testamento de Red Stevens ia se aproximando da linha de chegada. Mas, como bem sabe todo grande maratonista, o sprint final para completar os 42 quilômetros pode ser a parte mais difícil da corrida. Esse momento decisivo já pôs fim aos sonhos e às esperanças de muitos competidores.

Rex, o Cão Maravilha, e eu estávamos dando uma volta em ritmo bem puxado em torno do parque municipal Howard "Red" Stevens. Embora eu segurasse a guia, era Rex quem habilidosamente me conduzia. Para escapar do meu controle, a toda hora ele me provocava, explorando novas direções ou mudando o percurso.

Na vida e, com toda a certeza, nas caminhadas com Rex, controle é uma ilusão. Durante muitas horas, meu Cão Maravilha e eu andamos, com ele mostrando o caminho e eu atrás, bem satisfeito, segurando a guia. Rex já não é tão novo nem tão rápido como antes, mas eu também não. Uma combinação perfeita entre dono e animal de estimação. Rex e eu só não tínhamos muita certeza de quem era um e quem era o outro nessa relação.

As fases da minha vida foram marcadas por um amor crescente por uma série de cães fiéis. Conservo uma lista informal de coisas que acho que faria de maneira diferente se fosse o rei do mundo, apesar de saber que as chances de isso acontecer não são grandes.

Entre as inúmeras coisas da minha lista estão: se eu fosse rei, nós conservaríamos a energia da juventude quando tivéssemos a sabedoria dos anos. Se eu fosse rei, o inverno seria encurtado e duraria apenas o tempo necessário para podermos apreciar melhor a primavera, o verão e o outono. E por último, mas igualmente importante, se eu fosse rei, o cachorro que amamos viveria o bastante para nos acompanhar por toda a vida.

Eu dividia com Rex as minhas preocupações e os sentimentos impróprios em torno do caso Stevens. Rex ouvia com atenção, como sempre faz, e olhava para mim com aqueles olhos castanho-escuros, como se dissesse: "Eu posso não entender o que você está falando, mas sei que você é perfeitamente capaz de fazer o que precisa ser feito, seja lá o que for."

É maravilhoso ter alguém que sempre acredita na gente. Com Marie e Rex, o Cão Maravilha, eu me sinto duplamente abençoado.

Chegou finalmente a hora de voltar ao tribunal e de Rex ir para casa cumprir suas tarefas diárias – da maior importância, sem dúvida.

*

Eu achava que o salão do tribunal tinha atingido a capacidade máxima de lotação durante os 10 meses desse processo, mas quando chegamos ao décimo primeiro e penúltimo mês, Jim e Paul tiveram que colocar cadeiras extras, aproveitando cada centímetro quadrado do espaço disponível.

Dei bom-dia a todos e comecei:

– Estamos aqui hoje para examinar a Dádiva de Cada Dia, conforme descrita na Dádiva Mais Preciosa deixada em testamento por Red Stevens para seu neto, Jason. Passo a palavra ao doutor Hamilton.

Theodore J. Hamilton convocou Jason Stevens a depor e eu lembrei a Jason e a todos os presentes que seu testemunho seguia sob juramento.

Hamilton começou:

– Senhor Stevens, o senhor recebeu de seu avô uma lição e uma oportunidade de realizar tarefas relativas à Dádiva de Cada Dia?

– Sim, senhor – confirmou Jason.

– Compartilhe-a, então, conosco – solicitou Hamilton.

– Meu avô me pediu para pensar em como eu passaria o último dia da minha vida.

Hamilton sorriu e o encorajou a prosseguir.

– Pensei e concluí que queria acordar de manhã bem cedo e pensar na minha Lista de Ouro. Mas, sendo o último dia, a lista de coisas a agradecer teria que ter bem mais do que 10 itens. Eu gostaria de oferecer um delicioso café da manhã ao ar livre a um grupo de amigos, quando conversaríamos sobre a melhor maneira de extrair o máximo do nosso dia e de nossas vidas. Em seguida ligaria para todas as pessoas que significaram muito para mim e lhes agradeceria.

Jason fez uma parada, respirou fundo e deu um suspiro bem alto. Olhou para os membros da sua família espalhados pela sala do tribunal e disse:

– Eu gostaria de ligar para todos os meus parentes e agradecer a cada um pelos bons tempos e me desculpar pelos maus momentos. Em seguida chamaria um amigo para almoçar e conversar sobre os sonhos que ele tem para a sua vida. À noite – prosseguiu – eu daria um jantar especial para todos os meus amigos. Eu lhes diria quanto foram importantes para mim e repartiria com eles todas as dádivas da Vida Mais Preciosa. Gravaríamos a festa em vídeo para que pudessem compartilhar aquele momento e aquela mensagem com outras pessoas quando pensassem em suas vidas.

Hamilton o interrompeu e disse:

– Jason, quero lhe agradecer por partilhar isso tudo.

Hamilton regressou ao seu lugar na mesa dos advogados e passou a Dudly a vez de interrogar a testemunha.

– Então, senhor Stevens, deixe-me ver se consegui captar. Para provar que entendeu a Dádiva de Cada Dia, o senhor imaginou uma série de atividades que considerou importantes fazer em seu último dia de vida.

– Sim, senhor – confirmou Jason.

– Se esses itens são assim tão importantes – prosseguiu Dudly – a ponto de o senhor querer assegurar sua realização em seu último dia, quantos deles já realizou até agora?

Jason ficou meio nervoso, pigarreou e disse:

– Bem, não deu para fazer tudo. Não é fácil controlar a Dádiva de Cada Dia, mas fiz boa parte. Liguei e escrevi para amigos com quem eu não teria entrado em contato se não tivesse aprendido a Dádiva de Cada Dia. Estou mais consciente da importância de agradecer a todos pelo que fizeram por mim e me dediquei a passar adiante a Dádiva Mais Preciosa do meu avô.

Percebendo uma certa insegurança, Dudly deu o tiro de misericórdia:

– Então, senhor Stevens, se é tão importante fazer o maior número possível de coisas em cada dia de nossas vidas, e evidentemente no último dia das nossas vidas, pode nos dizer por que, depois de ter tido um mês inteiro para pensar a respeito da lição de seu avô, o senhor não planejou nada para a tarde desse seu mítico último dia de vida?

Dudly deu um sorriso triunfante. Jason olhou para os próprios pés e murmurou:

– Eu tinha planos, sim, para a parte da tarde.

– Ah, tinha, é? – perguntou Dudly em tom agressivo. – Mas se é tão importante, por que não compartilha conosco esses planos aqui, agora, e conta por que não os revelou quando lhe foi perguntado, estando o senhor sob juramento?

Jason olhou com evidente desconforto para a mesa dos advogados, respirou fundo, e disse:

– Há mais de um ano, quando meu avô, através de um vídeo, me ensinou a Dádiva de Cada Dia, eu planejei cada minuto e pensei em tudo o que gostaria de fazer em meu último dia de vida. Pretendia incluir planos de passar a tarde no parque, num museu e passeando num veleiro pela baía.

Dudly esfregou as mãos em regozijo e perguntou:

– Então, senhor Stevens, se tudo isso é tão importante, por que evitou mencioná-lo em seu depoimento anterior sob juramento?

– Eu tinha planejado fazer essas coisas todas com Emily – disse Jason com uma lágrima escorrendo pelo rosto.

Podia-se ouvir o som abafado de pessoas chorando baixinho, enquanto Jason prosseguia:

– Mas o que eu realmente aprendi ao planejar meu último dia foi que tudo é importante porque, para alguns de nós, como Emily, trata-se *realmente* do último dia.

Dudly parecia um balão gigante que de repente perdeu todo o ar. Balançou a cabeça e foi se afundar na cadeira.

Bati o martelo e falei:

– Este tribunal decide a favor de Jason Stevens. Vamos nos reunir novamente daqui a 30 dias para concluir a matéria referente à Dádiva de Cada Dia.

*

Na tela à minha frente Red Stevens ensinava ao neto:

Jason, quero que você saiba que, enquanto eu refletia sobre a Dádiva Mais Preciosa que queria lhe deixar em testamento, passei muito tempo pensando em você.

Acho que você teve lugar cativo na minha Lista de Ouro todas as manhãs. Sou agradecido pelo fato de nós dois partilharmos um legado e percebo em você a mesma centelha que sempre senti dentro de mim. Você e eu somos como almas gêmeas, algo que vai muito além de meros laços familiares.

Enquanto estava nesse processo de preparar meu testamento, sempre pensando na minha vida e na minha morte, repassei cada um dos fatores que tornaram minha vida tão especial. Revi muitas recordações que levo comigo como um tesouro.

Quando encaramos nossa própria condição de mortalidade, colocamos de um lado da balança quanto vivemos, e do outro, quanto deixamos de viver. É como areia escorrendo por uma ampulheta. Eu sei que vai chegar a hora em que terei que viver o último dia da minha vida. Tenho pensado em como gostaria de passar esse dia ou no que faria se só tivesse um dia para viver. Então compreendi que, se pudesse gravar na mente essa ideia de aproveitar ao máximo cada dia, teria dominado a essência do viver, porque a vida nada mais é do que uma série de dias. Se conseguirmos aprender a viver um dia em toda a plenitude, nossas vidas serão ricas e cheias de sentido.

Fiquei pensando na Dádiva de Cada Dia e no que faria com o meu último dia na Terra. Pedi ao escrivão para remarcar minhas audiências do dia seguinte, telefonei para Marie e lhe disse que o dia de amanhã estava reservado para a Dádiva de Cada Dia.

*

Nessa noite, durante o jantar, conversamos sobre todas as coisas especiais que queríamos fazer no dia seguinte.

Começamos levantando bem cedo. Tomamos um café da manhã especial, fomos caminhar por nossos lugares prediletos e conversamos muito. Ao anoitecer, vimos juntos o pôr do sol, que é a hora do dia favorita de Marie, e de noite assistimos a um show na companhia de amigos especiais.

Quando fomos nos deitar, ficamos ambos impressionados pelo fato de que, embora o dia tivesse sido verdadeiramente uma dádiva, a maior parte das coisas que fizemos poderia perfeitamente ser feita em outro dia qualquer. Eu me convenci de que o resto das nossas vidas seria diferente porque o resto dos nossos dias seria diferente.

*

Os 30 dias vieram e se foram e Jason Stevens estava de volta ao meu tribunal, no banco das testemunhas. Hamilton lhe pediu que explicasse como tinha transmitido a Dádiva de Cada Dia.

– Pensei nas pessoas que mais poderiam se beneficiar com a Dádiva de Cada Dia – disse Jason – e concluí que deveriam ser aquelas a quem não restavam muitos dias de vida.

Hamilton olhava com carinho para o rapaz.

– Existe uma entidade, o Centro Caminhos que se Cruzam, que é dirigida por uma família maravilhosa e ajuda doentes terminais a viver um dia especial. Resolvi cooperar com eles para que mais pessoas pudessem experimentar a Dádiva de Cada Dia.

Jason concatenou as ideias e continuou:

– Havia lá um senhor bem idoso que queria andar de motocicleta. Nós o colocamos num side-car com um capacete e óculos de corrida e demos um passeio pelo campo. Esse homem viveu uma experiência maravilhosa e sua foto no side-car apareceu nos jornais. Acho que muito mais gente vai começar a pensar em cada dia como uma dádiva. Havia também uma paciente terminal que nunca vira o mar. Consegui que ela fizesse uma viagem ao litoral. A mulher ficou tão encantada que passou horas na beira da praia, sem tirar os olhos do oceano. Também conseguimos que uma pessoa que tinha poucos meses de vida conhecesse um artista, um cantor muito famoso de quem era fã. Entramos em contato com a gravadora e deixaram que a paciente se sentasse na primeira fila de um show e depois fosse ao camarim.

O olhar de Hamilton ainda o encorajava.

– E, por fim, pedi que a equipe do centro me ajudasse a ensinar a Dádiva de Cada Dia a pessoas que não tivessem recebido diagnósticos de doenças terminais. Agora eles promovem palestras semanais sobre a Dádiva de Cada Dia e, no próximo domingo, irão à Escola dos Sábados. Acho que vai ser importante para todo mundo.

– Também acho – concordou Hamilton, dispensando a testemunha.

Então chamei Dudly para interrogar Jason.

– Senhor Stevens, se bem entendi a sua história, o senhor, na verdade, não ajudou essas pessoas diretamente. Limitou-se a trabalhar com uma instituição que já existia.

– Sim, senhor – confirmou Jason.

– Então, o que foi que o senhor mesmo fez para ajudar outras pessoas a entender a Dádiva de Cada Dia que seu avô lhe proporcionou?

Jason estava confuso:

– Eu mesmo não fiz nada. Da mesma forma que não fui eu que construí o parque. Creio que meu avô diria que a Dádiva de Cada Dia é grande demais para ser transmitida sozinha, por isso é que consegui ajuda.

Dudly sorriu com malícia:

– Quer dizer que o senhor acredita que transmitiu a Dádiva de Cada Dia e está convencido de que tem uma perfeita compreensão dela?

Jason abriu um sorriso paciente:

– Só posso dizer que hoje eu a compreendo bastante, mas continuo aprendendo, porque, se tiver sorte, amanhã será outro dia.

Dudly percebeu que estava derrotado nesse obstáculo e bateu em retirada, na esperança de obter melhores resultados depois.

– Que fique registrado – determinei – que este tribunal considera que Jason Stevens assimilou e transmitiu a contento a Dádiva de Cada Dia. A sessão fica suspensa até amanhã às 10 horas, quando examinaremos o item final, a Dádiva do Amor.

CATORZE
A vida e a dádiva do amor

A dádiva mais preciosa está trancada dentro de cada um de nós. O amor é a chave para libertá-la.

As redes de TV estavam fazendo uma cobertura dia e noite da fase final do caso Red Stevens. Percorrendo os canais, dei com um debate entre professores de Direito sobre o assunto. Num tom acalorado, o único ponto no qual os senhores acadêmicos concordavam era que o processo lembrava uma luta de boxe entre pesos pesados em 12 rounds. Era perfeitamente possível um deles perder 11 rounds seguidos e conseguir um nocaute no décimo segundo, saindo vencedor.

Eu não tinha como deixar de sentir a gravidade de tudo o que estava em jogo e que dependia da minha decisão. Ou a família inteira de Red Stevens ficaria sem os milhões de sua herança ou Jason perderia o controle dos bilhões de dólares que Red Stevens destinara ao fundo beneficente. Não parecia haver meio-termo.

Passei muito tempo tentando encontrar alguma solução intermediária, mas não a encontrei. No entanto, não conseguia acreditar que Red Stevens gostaria que houvesse um vencedor e um vencido.

Olhei para o relógio do gabinete. O tempo parecia ter parado, mas, finalmente, as 10 horas soaram. Vesti minha toga, fiquei alguns minutos em silêncio, refletindo, e então segui rumo à porta de mogno.

No caminho para a minha bancada já dava para sentir a tensão na sala. Eu nunca tinha presidido um julgamento em que houvesse tanto dinheiro em disputa. E não tinha certeza de que qualquer outro juiz já tivesse passado por semelhante situação.

Instalei-me na cadeira e fiquei imaginando como tudo seria quando eu novamente me levantasse dali. Bati o martelo e declarei:

– Senhoras e senhores, o tribunal está em sessão. Foi um caminho bem longo até chegarmos hoje ao capítulo final do caso do testamento de Red Stevens. Quero agradecer aos senhores advogados que trabalharam tenazmente, sempre com todo o profissionalismo, na defesa de seus clientes. Também gostaria de agradecer à minha família do tribunal, a Jim e Paul, que competentemente servem a esta corte na condição de meirinhos, e a Scott, que, na minha opinião, é o melhor escrivão que pode existir. Por fim, gostaria de agradecer ao meu mentor e amigo, o juiz Eldridge, que presidiu este tribunal durante muitos anos. Ele me deu um exemplo inestimável e algumas importantes orientações. Tenho feito o melhor que posso, como hoje pretendo fazer, para manter o alto padrão que ele estabeleceu. Todos aqui sabemos o que está em jogo. E certamente, graças aos nossos amigos da imprensa, os que se acham presentes nesta sala, bem como em qualquer parte do mundo, têm conhecimento da importância da decisão a ser tomada. Devo alertar a todos que nos encontramos em procedimentos legais e formais e que, portanto, exigirei de cada um o respeito e a ordem que o local e o assunto merecem.

Então dei início aos trabalhos:

– Convoco inicialmente o doutor Theodore J. Hamilton, da Hamilton, Hamilton & Hamilton.

Olhei fixamente para Hamilton e disse:

– Doutor, é verdadeiramente um privilégio tê-lo em nossa corte e na nossa profissão.

Hamilton fez uma leve reverência com a cabeça:

– Meritíssimo, quero agradecer a Vossa Excelência e a todos os implicados neste processo por darem ao meu cliente uma oportunidade, nada mais do que isso, de ver sua causa julgada de forma justa.

Hamilton parou, remexeu em alguns papéis dispostos sobre a mesa à sua frente e anunciou:

– Meritíssimo, chamamos novamente Jason Stevens para dar seu depoimento nessa matéria.

Hamilton se aproximou de Jason, que estava sentado no banco das testemunhas, e perguntou:

– Senhor Stevens, no último mês dessa jornada de um ano que seu avô lhe legou em testamento, o senhor teve a oportunidade de aprender a respeito da Dádiva do Amor?

Jason acenou solenemente a cabeça e respondeu:

– Sim, senhor.

– E teve a chance de desempenhar a tarefa que o ajudaria a vivenciar a Dádiva do Amor?

– Sim, senhor – assegurou Jason novamente.

Hamilton retornou à mesa dos advogados e se postou ao lado de sua cadeira, dizendo:

– Jason, poderia partilhar conosco essa experiência?

Hamilton sentou-se e Jason começou:

– Meu avô me ensinou que não se pode ter amor somente numa área da vida e prescindir dele nas demais. Assim, em relação à Dádiva do Amor, ele me pediu que eu dedicasse o mês a pensar em todas as dádivas que recebi e em quão fundamental havia sido o amor em cada uma delas.

– E o senhor considera que tenha conseguido completar com sucesso essa tarefa? – perguntou Hamilton.

– Sim, senhor.

– Jason – prosseguiu Hamilton –, poderia revelar em poucas palavras que papel teve a Dádiva do Amor em cada uma das dádivas que recebeu de seu avô?

Jason pensou por um instante e relatou:

– Bem, na Dádiva do Trabalho aprendi que Gus Caldwell e meu avô tinham um respeito e um amor sinceros um pelo outro. E aprendi quanto é importante amar nosso trabalho. Na Dádiva do Dinheiro, aprendi que amar o dinheiro é um beco sem saída, mas usá-lo para demonstrar amor pelas pessoas faz toda a diferença. Na Dádiva dos Amigos, aprendi que, para ter amigos, precisamos ser amigos, precisamos estar dispostos a dar amor antes de querer recebê-lo. Na Dádiva do Aprendizado, descobri que o amor por aprender é uma busca simplesmente interminável. Na Dádiva dos Problemas, aprendi que, mesmo em circunstâncias difíceis ou aparentemente impossíveis, quando amamos a nós mesmos e aos que nos cercam e nos concentramos nas coisas que recebemos, qualquer problema vira uma oportunidade. Na Dádiva da Família, descobri a diferença entre as coisas de que gostamos e as que amamos. Nem sempre gostamos da nossa família, mas sempre é possível amá-la, mesmo quando enfrentamos problemas.

Os olhos de Hamilton brilhavam.

– Na Dádiva do Riso, aprendi que o ódio desaparece quando rimos e que desse modo o amor consegue se mostrar em todas as situações. Na Dádiva dos Sonhos, descobri que todos temos paixões dentro de nós. O amor pode ser a chave que libera o potencial guardado em nosso interior. Na Dádiva da Doação, me dei conta de que sempre devemos amar alguém com a maior generosidade, pois o amor é a única coisa que quanto mais se dá, mais se tem. É uma fonte inesgotável. Na Dádiva da Gratidão, aprendi que recebemos muitas bênçãos durante a vida e que a única maneira pela qual podemos demonstrar amor de verdade é sendo gratos pelo que recebemos. E na Dádiva de Cada Dia – concluiu – aprendi que é impossível amar a vida se não se ama o dia de hoje. Se preenchermos cada um dos nossos dias com amor, sempre nos sentiremos plenos e realizados.

Eu não podia acreditar que, com tanta gente na sala do tribunal, fosse possível se fazer um silêncio tão absoluto e prolongado.

Finalmente, Theodore J. Hamilton se virou para mim:

– Meritíssimo, para não comprometer a força daquilo que acabamos de ouvir, não daremos prosseguimento ao interrogatório. Estamos satisfeitos com relação a essa matéria.

Eu fiz um sinal com a cabeça para Hamilton e em seguida dirigi o olhar para L. Myron Dudly:

– Doutor, é sua vez.

Dudly permaneceu sentado sem se mexer por um tempo que beirou o insuportável. Cheguei a me perguntar se ele tinha me escutado. Mas, afinal, Dudly se ergueu e se dirigiu ao banco das testemunhas como um homem que dava seus últimos passos.

Devo admitir que Dudly desempenhou um trabalho admirável nesse julgamento, lutando contra enormes dificuldades.

Ele limpou a garganta, me fez uma leve reverência com a cabeça e partiu para o ataque:

– Senhor Stevens, como é o testamento do seu avô que está sendo debatido e contestado neste tribunal, examinemos sua relação com ele no que tange à Dádiva do Amor.

Dudly caminhou pela sala em busca de confiança e ímpeto.

– Senhor Stevens, o senhor diria perante este tribunal que amou seu avô durante todo o tempo em que ele esteve com o senhor?

Jason suspirou profundamente, se inclinou para a frente e explicou:

– Eu não sabia amar ninguém, nem a mim mesmo, até receber a Dádiva do Amor do meu avô. Portanto, para ser honesto, eu teria que dizer que nunca amei meu avô enquanto ele viveu.

Uma chama de esperança se acendeu em Dudly e pareceu contagiar a família Stevens.

O doutor Dudly se encostou na grade à frente de Jason e trovejou:

– Meu jovem, lembrando sempre que o senhor se acha sob juramento, como é que, em nome de tudo o que prezamos como sendo legal, justo e correto, o senhor ousa dizer que amou seu avô nos termos da Dádiva do Amor e que se acha qualificado para receber sua herança?

Dudly olhava fixamente para Jason, antecipando a vitória.

Jason respirou fundo novamente, então falou:

– Doutor Dudly, devo admitir que não amei meu avô enquanto ele estava vivo, nem que mereci, de modo algum, o amor que ele tinha por mim. Mas de certa forma, graças à sua morte e à Dádiva Mais Preciosa que ele me deixou, aprendi a amá-lo e a todos os que me cercam. Nenhum de nós é merecedor do amor. Só podemos guardá-lo como um tesouro e dá-lo de presente.

Dudly estava abalado, mas, ainda na esperança de acertar um tiro no escuro, dirigiu-se a mim:

– Meritíssimo, não temos mais perguntas para a testemunha. Como o próprio Jason Stevens admitiu em seu depoimento sob juramento que jamais amou o avô durante toda a sua vida, nada mais nos resta a não ser pedir a este tribunal que faça justiça em favor dos meus clientes, restaurando-lhes a legítima herança.

Dudly foi sentar-se na cadeira atrás da mesa dos advogados. Alguns dos seus colegas do Dudly, Cheetham & Leech lhe deram tapinhas nas costas e fizeram o sinal de vitória. O clã dos Stevens chegou para a frente, nas cadeiras, aguardando ansiosamente a minha decisão.

Eu estava dividido, pesando os argumentos que tinha diante de mim. Pensei que o amor é impossível de definir, é algo que resiste a todo e qualquer juízo.

Bati meu martelo e disse:

– O tribunal fará um recesso para o almoço e se reunirá novamente às 14 horas.

Corri para o meu gabinete e falei em voz alta com o DVD intitulado *A Dádiva do Amor*:

– Red, se você ainda tem algo importante a dizer, eis aqui um velho juiz que gostaria muito de ouvir.

Pus o DVD no aparelho e dei pela última vez as boas-vindas a Red Stevens em meu gabinete.

Jason, neste último mês vou apresentá-lo a uma parte importante da minha Dádiva Mais Preciosa, aquela que engloba todas as outras, bem como todo o bem que você irá fazer, ter ou saber na vida. Trata-se da Dádiva do Amor.

Tudo o que existe de bom, honesto e desejável na vida se baseia no amor. Tudo o que é ruim ou maligno nada mais é do que a vida sem amor. Amor é um termo muitas vezes mal empregado e seu uso é muito frequente em nossa sociedade, pois se aplica a um sem-número de coisas e sentimentos frívolos. Mas o amor de que estou falando na Dádiva do Amor é a bondade que vem unicamente de Deus. Nem todos acreditam ou reconhecem isso. Tudo bem. Eu sei que o verdadeiro amor vem Dele, quer acreditemos ou não.

Jason Stevens, nós dois percorremos um longo caminho em busca da Dádiva Mais Preciosa. Quero que saiba, acima de qualquer coisa, que, apesar de todos os erros que cometi e das muitas vezes que fracassei com você, seu avô o amou.

– Obrigado pela ajuda – falei em voz alta para a imagem de Red Stevens congelada na tela.

Esperava que, de alguma forma, ele soubesse que eu faria o melhor possível por toda a sua família.

*

Às duas em ponto escutei uma batidinha de leve na porta de mogno. Ela se abriu apenas o suficiente para Scott, meu escrivão, enfiar a cabeça e dizer:

– Meritíssimo, estão todos sentados à sua espera faz quase meia hora. Nunca vi nada parecido.

De volta à sala do tribunal, me preparei para o que eu sabia que iria se tornar o mais famoso, se não o mais importante, julgamento da minha vida. Bati o martelo, o que era praticamente desnecessário, já que o tribunal estava no mais absoluto silêncio, com todos os olhares grudados em mim.

– Esta corte considera que, durante a vida de seu avô, Red Stevens, Jason Stevens jamais sentiu amor por ele. Apenas depois de sua morte, Red Stevens foi capaz de ensinar ao neto a Dádiva do Amor, possibilitando assim que Jason o amasse. Embora seja muito pouco convencional e totalmente indesejável, esse estado de coisas atende tanto à letra quanto ao espírito do testamento deixado por Howard "Red" Stevens.

Nesse ponto precisei bater seguidamente o martelo. Gritos de protesto e de ira podiam ser ouvidos de onde estava a família Stevens. Meus meirinhos, Jim e Paul, se posicionaram à frente da minha bancada e eu me senti bem contente com a presença deles.

Dirigi um olhar penetrante a todos os presentes e disse:

– Quero ter absoluta certeza de que haverá ordem nesta corte. Caso contrário, esses cavalheiros aqui à frente farão evacuar a sala do tribunal e alguns dos senhores e senhoras presentes poderão ter a oportunidade de experimentar a hospitalidade da nossa casa de detenção aqui ao lado.

Deixei que minhas palavras chegassem a todos e concluí:

– O tribunal fica suspenso por 30 dias, tempo em que Jason Stevens terá ocasião de demonstrar sua capacidade e aptidão para transmitir a Dádiva do Amor que recebeu de Howard "Red" Stevens através da Dádiva Mais Preciosa.

Apesar de termos encerrado o dia no tribunal, a matéria se achava longe de estar decidida.

QUINZE

A vida é a dádiva mais preciosa

Uma vida bem vivida é a Dádiva Mais Preciosa.

Com a crescente cobertura da mídia, a tensão e a ansiedade aumentaram e foi difícil para mim ou para qualquer um no prédio do tribunal se concentrar em alguma coisa ao longo daquele mês inteiro.

Finalmente, o último dia chegou. Bem ou mal, tudo estaria acabado naquele dia. Apelei para o meu coração e para a minha mente, procurando encontrar um meio-termo sutil ou alguma daquelas típicas decisões do juiz Eldridge em que todo mundo sai ganhando.

Bati o martelo e pedi silêncio no tribunal e foi então que tudo aconteceu. O mito em pessoa, Theodore J. Hamilton, se levantou e pediu a palavra:

– Meritíssimo, se o tribunal me permitir, tenho aqui comigo uma moção que tem relação direta com o caso.

O doutor Hamilton veio em minha direção trazendo um papel. L. Myron Dudly se levantou de um salto e bradou:

– Meritíssimo, protesto contra o fato de que qualquer moção seja feita ou acolhida por este tribunal sem passar pelo exame dos advogados dos meus clientes.

Hamilton parou a meio caminho, baixou a folha que levava nas mãos e disse:

– Meritíssimo, peço a Vossa Excelência que seja benevolente neste particular, mas arrisco toda a minha reputação de jurista e profissional do Direito. Se o Meritíssimo se dignar a somente correr os olhos por este pequeno documento, creio que tudo se esclarecerá.

– Protesto – repetiu Dudly.

Quando Hamilton ia começar a falar, ergui a mão pedindo silêncio aos dois.

– Doutor Dudly, vou permitir que a moção seja apresentada, concedendo ao doutor Hamilton a mais ampla liberdade possível, tendo em vista sua experiência e reputação perante esta corte.

Dudly, frustrado, bateu com a mão na mesa dos advogados e se resignou a retornar à sua cadeira.

Então apontei o cabo do meu martelo para Theodore J. Hamilton, o primeiro e único, e prossegui:

– No entanto, doutor, devo alertá-lo de que, caso esteja levando este tribunal a enveredar por uma via inadequada, farei valer todas as medidas e prerrogativas que a lei me confere.

Hamilton concordou com um gesto de cabeça, deu um passo à frente e me entregou o papel. Li, reli e li pela terceira vez, para me certificar de que meus olhos não estavam me enganando.

Fiz um sinal com a cabeça para o doutor Hamilton:

– A moção está aceita tal como apresentada. Pode chamar o senhor Stevens para depor.

Dudly pulou da cadeira, derrubando uma jarra de água e praticamente subindo na mesa. Abriu os braços, pleiteando:

– Meritíssimo, uma moção foi apresentada e aceita por este tribunal sem que meus clientes tivessem o direito de intervir na matéria.

Fiz com a cabeça um sinal de que tinha entendido e observei:

– Doutor Dudly, reconheço sua posição e peço a Vossa Excelência e a seus clientes um pouco de paciência.

Jason Stevens já tomara assento no banco das testemunhas. Hamilton se aproximou e pediu:

– Jason, você faria o favor de dividir com o tribunal sua expressão da Dádiva do Amor, tal como lhe foi apresentada por seu avô, Red Stevens?

– Eu não sabia amar meu avô ou qualquer pessoa da minha família até receber a Dádiva do Amor. O amor tanto concede quanto recebe perdão e por isso, neste momento, eu gostaria de pedir a todos os membros da minha família que me perdoem por ter passado tantos anos sem lhes demonstrar respeito e muito menos amor.

– Meritíssimo – trovejou Dudly de sua cadeira –, tudo isso é muito bom, muito bonito, mas...

Bati o martelo e ergui a outra mão para que Dudly se mantivesse quieto.

– Seu protesto está indeferido, doutor – declarei.

Olhei para Jason e mandei que prosseguisse.

– Além de pedir perdão, eu também gostaria de pedir ao juiz se posso tentar, mesmo que de forma modesta, expressar minha Dádiva de Amor a minha família.

Jason olhou para mim e perguntou:

– Vossa Excelência me permite?

Assenti com a cabeça e Jason Stevens declarou:

– Eu pedi ao doutor Hamilton que preparasse um documento e o apresentasse ao juiz Davis de modo que, caso a sentença me seja favorável, minha família não perca todos os bens que herdou.

Um murmurinho de dúvidas e incertezas se fez sentir por toda a sala do tribunal. Bati meu martelo e acenei com a cabeça.

– Jason, apenas para esclarecer – pediu o doutor Hamilton. – Devemos entender que você está pedindo perdão aos seus familiares e garantindo que permaneçam com a herança que receberam, independentemente do resultado deste processo?

Enquanto falava, Jason fixava seu olhar no rosto de cada membro da sua família presente no tribunal:

– Sim. Esta é a minha família e, no final do dia de hoje, não importa qual seja o resultado do julgamento, continuará sendo a minha família. Quero que todos eles saibam que eu os amo e que desejo que fiquem com a herança que meu avô lhes deixou.

Todos permaneceram sentados perplexos e no mais absoluto silêncio. Então, Jason se virou para mim:

– Meritíssimo, posso lhe fazer uma pergunta?

Eu ri e acenei com a cabeça:

– Meu filho, depois de um ano respondendo a perguntas de todo mundo, creio que você merece fazer uma.

– O senhor poderia celebrar uma cerimônia de casamento? – perguntou Jason.

Dessa vez eu ri alto e respondi:

– Meu filho, eu não faço um casamento desde antes de você nascer, mas isso não significa que não possa fazê-lo.

– Bem, sendo assim, Excelência, se Alexia estiver de acordo, acho que gostaríamos que o senhor nos desse essa honra o mais rápido possível.

Alexia se levantou do seu lugar na mesa dos advogados e, balançando afirmativamente a cabeça, repetiu muitas vezes:

– Sim, sim, sim!

Os aplausos irromperam por todo o recinto. Deixei que fossem cessando naturalmente e então bati o martelo:

– Vamos marcar esse casamento para breve, mas primeiro eu tenho uma decisão a proclamar: julga este tribunal, após analisar todos os aspectos da Dádiva Mais Preciosa, conforme estabelecido no testamento de Howard "Red" Stevens, que Jason Stevens é indubitavelmente o herdeiro legal do espólio de seu avô e, como tal, esta corte lhe outorga a posse de todos os seus bens.

E voltando-me para Jason:

– Sua moção, apresentada há pouco, foi acolhida pelo tribunal. Dessa forma ficam restituídos à família Stevens todos os bens anteriormente mencionados.

Aumentando a voz, prossegui:

– Jason Stevens, o senhor terá amplo controle dos bilhões de dólares do Fundo Red Stevens. Este tribunal espera que o senhor cuide dele de forma responsável, como seu avô o faria se estivesse aqui.

Sorri para Jason e concluí:

– Depois de passar mais de um ano com você neste tribunal, meu filho, estou certo de que não há ninguém melhor para executar esse trabalho.

*

O que era para ser o fim foi também o começo.

Poucos dias mais tarde, eu estava apreciando um glorioso alvorecer no parque municipal Howard "Red" Stevens, impressionado com a multidão reunida ali àquela hora. Todas as mães solteiras e as crianças da creche cooperativa se encontravam lá; também se viam dois ônibus lotados de alunos da escola para deficientes visuais. Inúmeras cadeiras de rodas e pessoas usando aparelhos ortopédicos davam uma demonstração da grande afluência de deficientes e idosos ao centro de atenção. Os meninos da Escola dos Sábados, que ficava na periferia, se encontravam bem na frente, ao lado de muitos outros amigos e convidados. Reconheci o clã dos Stevens, todos elegantemente vestidos para a ocasião. Também estavam ali Theodore J. Hamilton e Margaret Hastings, com Jeffrey Watkins. E o mais incrível: os sócios e a equipe de apoio do escritório de advocacia Dudly, Cheetham & Leech igualmente se achavam lá.

Apesar dos esforços para manter afastada a imprensa, muitos jornalistas se infiltraram na multidão. E à minha frente, mais alegres e cheios de promessas do que o próprio sol nascente, estavam Jason e Alexia.

Depois de dar as boas-vindas a todos e de fazer as observações preliminares, perguntei:

– Jason, você aceita Alexia como sua legítima esposa?

– Aceito – declarou Jason.

– E você, Alexia, aceita Jason como seu legítimo esposo?

Ela olhou para ele com uma expressão amorosa e afirmou:

– Aceito.

Encerrei a cerimônia dizendo:

– Eu os declaro marido e mulher. Pode beijar a noiva. E queiram aceitar meus mais sinceros votos de uma Vida Mais Preciosa plena de saúde e felicidade.

Sobre o autor

Jim Stovall é um dos palestrantes motivacionais mais requisitados dos Estados Unidos. Apesar de sua visão precária e da iminente cegueira, já foi campeão norte-americano e olímpico de levantamento de peso, um bem-sucedido corretor financeiro e empresário. É cofundador e presidente da Narrative Television Network (NTN), empresa que torna o cinema e a televisão acessíveis a 13 milhões de americanos portadores de deficiências visuais. Embora concebida para deficientes visuais, a NTN tem mais de 60% da sua audiência constituída de espectadores dotados de visão perfeita e que apreciam sua programação.

Jim Stovall apresenta o *NTN Showcase*, um programa de entrevistas. A NTN, que já recebeu um Emmy e um Prêmio Internacional de Cinema e Vídeo, compreende mais de 1.200 estações, entre canais abertos e a cabo, que alcançam cerca de 35 milhões de residências nos Estados Unidos e em 11 países.

Em 1994, Jim Stovall foi escolhido pela Câmara de Comércio dos EUA um dos Dez Jovens Americanos Extraordinários, juntando-se a um seleto grupo integrado por Walt Disney, Orson Welles e quatro presidentes da República. É autor de *A dádiva mais preciosa*, que vendeu mais de 2 milhões de exemplares em 12 idiomas e virou o filme *O presente*. O Comitê para Igualdade de Oportunidades da Presidência o elegeu empreendedor do ano de 1997. Em junho de 2000 Jim recebeu o Prêmio Humanitário Internacional, com o qual já haviam sido agraciadas personalidades notáveis como o presidente Jimmy Carter, Nancy Reagan e Madre Teresa.

INFORMAÇÕES SOBRE OS PRÓXIMOS LANÇAMENTOS

Para receber informações sobre os lançamentos da EDITORA SEXTANTE, basta cadastrar-se diretamente no site www.sextante.com.br

Para saber mais sobre nossos títulos e autores, e enviar seus comentários sobre este livro, visite o site www.sextante.com.br
ou mande um e-mail para
atendimento@esextante.com.br

EDITORA SEXTANTE
Rua Voluntários da Pátria, 45 / 1.404 – Botafogo
Rio de Janeiro – RJ – 22270-000 – Brasil
Telefone: (21) 2538-4100 – Fax: (21) 2286-9244
E-mail: atendimento@esextante.com.br